Para la mejor hermana

Es un libro que a mí me llegó al corazón, me ayudó a ver partes de mi vida con otros ojos....
Espero que lo disfrutes y que lo leas y me sientas a tu lado, porque siempre voy a estar a tu lado, nuestros corazones están unidos con la mayor conexión que hay, con el amor... Que todo lo que inunde y mueva tu vida sea el AMOR y solo el AMOR...
GRACIAS por enseñarme a conocer uno de los amores más maravillosos del mundo, el amor de hermana....
de corazón a corazón.... "porque Solo el corazón habla al corazón" S. Faustino.
♡ te quiero.

Bailar con la soledad

Colección «EL POZO DE SIQUEM»
378

José María R. Olaizola, SJ

Bailar con la soledad

7.ª EDICIÓN

SAL TERRAE

© Editorial Sal Terrae, 2018
Grupo de Comunicación Loyola
Polígono de Raos, Parcela 14-I
39600 Maliaño (Cantabria) – España
Tfno.: +34 944 470 358 / Fax: +34 944 472 630
info@gcloyola.com
www.gcloyola.com

Imprimatur:
✠ Manuel Sánchez Monge
Obispo de Santander
30-11-2017

Diseño de cubierta:
Félix Cuadrado Basas, *Sinclair*

Cualquier forma de reproducción, distribución, comunicación pública
o transformación de esta obra solo puede ser realizada con la autorización
de sus titulares, salvo excepción prevista por la ley. Diríjase a CEDRO
(Centro Español de Derechos Reprográficos) si necesita
reproducir algún fragmento de esta obra
(www.conlicencia.com / 91 702 19 70 / 93 272 04 47).

Impreso en España. *Printed in Spain*
ISBN: 978-84-293-2726-7
Depósito Legal: BI-58-2018

Fotocomposición:
Rico Adrados, SL (Burgos) / www.ricoadrados.com

Impresión y encuadernación:
Eujoa Artes Gráficas

*Con gratitud,
a quienes, a lo largo del camino,
me habéis enseñado a bailar
con la soledad y con la gente,
con la tormenta
y con la calma.
A todos los que alguna vez
habéis sabido
acariciar
las cicatrices
y compartir las risas.
Que no pare la música.*

Índice

Introducción 13

PRIMERA PARTE
La soledad, esa amante inoportuna

1. Archipiélago humano 23
2. Todo por una caricia 29
3. Rasgos de la soledad 33
   3.1. Una compañera de viaje con muchos rostros 33
   3.2. ¿Hay recetas para la soledad? 42
   3.3. Soledad en medio de una muchedumbre. Encuentros en el desierto 44
   3.4. Una soledad que es caricia, otra que muerde 45

SEGUNDA PARTE
Motivos para la soledad

4. Algunos motivos personales 53
   4.1. Viviendo solos 53
   4.2. No hay nadie como yo. Cuando las biografías se vuelven líquidas 55

4.3. Yo me lavo las manos. La tentación de la inocencia 58
4.4. Fachadas y trastiendas. ¿Por qué a todos les va mejor que a mí? 61
4.5. Las comunicaciones incompletas. La soledad de las relaciones sin alma 66
5. Algunos motivos mediáticos. La sociedad de la (in)comunicación 71
   5.1. ¿Por qué ya no hablamos como antes? .. 72
   5.2. La comunicación como batalla 76
   5.3. 5.000 amigos 78
   5.4. A la caza del «like» 81
6. Algunos motivos existenciales. Tres grandes heridas contemporáneas 85
   6.1. La herida del amor. Deshojando la margarita 85
   6.2. La herida de la muerte. No hablemos de eso 91
   6.3. La herida de la fe. El misterio de un Dios silencioso 96

Tercera parte
Bailar con la soledad

7. «Joven, decídete, no se puede ser todo en la vida» 107
8. Baile de expectativas 113
9. ¿Qué hay de lo mío? Espejos o ventanas 119
10. Operación fracaso 125
11. Eres hermoso 131
12. Los zapatos del otro. Juicios y prejuicios 139

13. Hay que empezar a tomarse en serio a sí mismo 145
14. Bailar con la muerte 153

CUARTA PARTE
Encuentros

15. La tribu 163
16. Tu gente 169
17. Bailando solo 177
18. Vida interior. ¿Hay alguien más ahí? 185

Conclusión
Dos imágenes para terminar: cicatrices y fronteras 193

Introducción

Una de las experiencias más universales y más humanas que podemos tener es la soledad. Es una peculiar compañera de camino. Un sentimiento complejo, que a veces trae paz, pero en otras ocasiones nos abruma, sin que sepamos bien qué hacer con eso que remueve en nosotros. Todos nos sentimos solos en algunos momentos. Eso no significa necesariamente que nos sintamos mal. En ocasiones la soledad es buscada, hasta anhelada. En esos casos la ausencia de vínculos más inmediatos, la distancia con otros o el silencio, lejos de ser algo opresivo o amenazador, se convierte en escenario apacible en el que transcurre nuestra vida. Pero hay momentos en los que, lejos de ser vivida con esa tranquila aceptación, la soledad muerde, porque ni la deseamos ni sabemos qué hacer con ella.

¿Quién no ha experimentado, alguna vez, ese zarpazo de la soledad? Esa que no queremos, que llega inesperada e indeseada. Esa que nos hace revolvernos, entre furiosos y abatidos, buscando, imaginando, anhelando una palabra amiga, un abrazo protector, un hombro donde recostar cansancios o penas. Esa que contiene inseguridades sobre la propia valía, culpas por decisiones que no te atreves a compartir con nadie, miedos que te asaltan, aunque te parezcan ridículos, y que por eso mismo no eres capaz de revelar a otros. Esa que añora un café compartido, unas risas sanadoras, una caricia o una conversación afable con quien sabemos que nos quiere. Esa que te exaspera, cuando pasas horas mirando una y otra vez los buzones de entrada o tus perfiles en las redes sociales, a ver si hay un mensaje, una señal, una llamada o una respuesta que no termina de llegar. Esa que lo mismo se presenta en un escenario lleno de gente, cuando no tienes ni un instante para ti, que en un espacio vacío, en el que silencio y desierto amenazan con su enormidad. Esa que nos deja una sensación de orfandad y de vergüenza cuando se adueña de nuestro horizonte. Orfandad, porque nuestro corazón lamenta la ausencia de alguien que pudiera acompañarnos. Vergüenza, porque parece que la soledad certifica tu fracaso, tu incapacidad para el encuentro. «Algo tendré, para no tener a nadie cerca», termina siendo la cruel e injusta conclusión con la que uno se flagela. Entonces te buscas las vueltas, te sacas los defectos, te enfadas con el mundo, contigo mismo, con Dios. Entonces intentas disfrazar la soledad de indiferencia. Encoges los hombros, te revistes de dureza, disfrazas la frustración tras una máscara de humor, de frialdad o de ocupación, o te vas refugiando en pequeños sucedáneos que te ayuden a llenar las horas y los huecos. Pero ahí sigue ella, merodeando, mordiendo, y de vez en cuando removiendo de nuevo tus cimientos.

Esa soledad, difícil compañera en algunas etapas del camino, es inevitable en distintos momentos y situaciones vitales. Pero podemos aprender a bailar con ella. No es el fin del mundo, ni es una señal de fracaso. Es, tan solo, otra música que forma parte de la banda sonora de la historia y de la vida. Y, aunque no lo creas, está en todas las historias, y en todas las vidas, por más que en cada una se presente de maneras diferentes.

Hay, en el ser humano, un ansia profunda de encuentro, de cercanía, de intimidad y pertenencia. Ser persona es ser en relación. Esas relaciones nos definen y nos sostienen. Nadie se entiende a sí mismo sin trazar alrededor un mapa de nombres y afectos. Somos personas porque somos amigos, madres, maestros, amantes, hijos, jefes, discípulos, médicos, pacientes, compañeros de una comunidad, colegas, enemigos, parejas… No todas las relaciones tienen la misma entidad, ni todas significan lo mismo. No todas llenan el vacío de la soledad de idéntica forma. Cuanto más accesoria o menos significativa sea una relación, menos influye en esta vivencia tan íntima y profunda. Hay relaciones que, sencillamente, no colman nuestra necesidad de encuentro y pertenencia. Pero hay otras que sí. Quizás sean un círculo más restringido en la propia vida, pero, quien más, quien menos, todos tenemos algunos nombres grabados a fuego en nuestra historia.

Soledad y encuentro no son enemigos. Son, más bien, dos dimensiones de nuestras vidas, de todas las vidas. Solo que hay que aprender a conocerlos. Especialmente a la soledad. Para que, lejos de ser una carga o una amenaza, se convierta en oportunidad y escuela. Porque en ella podemos encontrarnos, a nosotros y a los otros. Porque, lejos de comernos la moral y agotarnos las fuerzas, la soledad puede ser aliada en esta batalla fascinante y compleja que es la vida. Solo hay que aprender a escuchar una música diferente que nos permita bailar con ella. Una música hecha de aceptación y deseos, de lucidez y consciencia, de memoria y esperanza, de fe y tormentas. Todo eso está en este libro. La soledad y el encuentro. El silencio y la música.

Me gusta la imagen del baile. Es una buena metáfora de otras muchas formas de relacionarnos. Por eso la he escogido para guiar este recorrido. A menudo pienso en el mundo como un lugar habitado por la música. Músicas diferentes. Sonidos que, cuando aprendemos a escucharlos, nos ayudan a movernos de una manera única y distinta. Música que nos invita a hacer de nuestros movimientos baile. A veces plácido, a veces agitado. A veces solitario, y otras en grupo.

En los Premios Óscar de 2008, el premio a la mejor banda sonora fue para Dario Marianelli por su brillante composición para la película *Expiación*. Probablemente su mayor genialidad, que hizo que el compositor italiano ganara los principales galardones de aquella temporada, fue convertir en música el sonido de una máquina de escribir, y enlazar en la obertura el tecleo de esa máquina y las notas de un piano. La protagonista, Briony, una niña, escribe su primera obra de teatro. El ruido vertiginoso de las teclas contra el papel se convierte en música intensa, casi ansiosa, y esa melodía es el reflejo de la mezcla de emociones de la cría: su agitación, su prisa, su perfeccionismo, su demanda de atención. Esa va a ser su música. Gestada en los ruidos más cotidianos[1]. Todos tenemos como una banda sonora propia, en la que encajan nuestros ruidos, palabras, silencios, ritmo, sentimientos, y encuentros.

He querido aludir a la música y el baile en distintas ocasiones. Incluso, acompañando algunas explicaciones, como acabo de hacer en el párrafo anterior, propondré

---

[1] T. Bevan (productor) y J. Wright (director), *Atonement*, Reino Unido: Studio Canal (2007), http://bit.ly/2vSLxyU.

escenas que pueden ilustrar lo expuesto. Son fragmentos de películas y cortometrajes que voy citando para ejemplificar lo que estoy contando. No siempre se pueden encontrar en internet, pero en muchos casos sí están disponibles. Por ello, cuando se pueda, propongo en las notas vínculos a esas escenas. No son imprescindibles para seguir el desarrollo de la reflexión. Pero pueden ofrecer otra manera de leer, una forma en la que la imagen enriquezca a la palabra. Si veis que os pueden servir, no dudéis en ir alternando lo que cuento con esos vídeos.

No pretendo exponer, en estas páginas, todo lo que se puede decir sobre la soledad. Primero, porque soy consciente de que es algo que me desborda. Estoy seguro de que ni una biblioteca entera bastaría para ello. Tampoco quiero generalizar y convertir en norma lo que, en muchos casos, son vivencias particulares. Lo único que me gustaría es compartir una reflexión y ayudar a que tú, que lees estas páginas, la continúes, la enriquezcas, la puntualices o la completes con tu propia memoria, tus experiencias y tu recorrido. Seas joven o mayor, seguro que te encuentras reflejado en algún momento en estas vivencias. Ojalá ayuden a poner música –que es sentido y horizonte–. En la soledad. Y en la vida.

PRIMERA PARTE

La soledad, esa amante inoportuna

Es Joaquín Sabina quien, en una de sus canciones más célebres expresa, con universal sentimiento: «Y algunas veces suelo recostar / mi cabeza en el hombro de la luna / y le hablo de esa amante inoportuna / que se llama soledad». Es una expresión bonita, que conjuga el afecto y la distancia, el amor y el dolor, la caricia del amor furtivo, deseado y pasional y el disgusto de lo indeseado. Algo de eso nos ocurre con la soledad. Nos ronda, y es a veces aliada y otras veces adversaria. Nos inspira, pero también nos paraliza. A veces se busca y se necesita, pero en otras ocasiones se detesta, y despierta un grito que es más agobiante porque no parece haber nadie para escucharlo.

En los próximos capítulos intentaré empezar a describir la soledad. Como quien va desbrozando un terreno, preparándolo para la siembra. Voy a tratar de mostrar cómo en todas las vidas puede haber soledad. Pero también cómo es diferente para cada uno de nosotros.

1

Archipiélago humano

Un libro muy popular del conocido monje católico Thomas Merton tiene uno de los títulos más seductores que se pueden encontrar: *Nadie es una isla*[2]. Cuatro palabras que se convierten en promesa. ¿Qué esperamos encontrar tras ese encabezado? Seguramente, una mirada capaz de descifrar los vínculos que nos unen a las personas entre nosotros y, desde la fe, con Dios.

No queremos ser islas. La palabra *aislado* casi siempre trae resonancias negativas. Se aísla a los indeseables, a los impuros, a los que padecen alguna enfermedad contagiosa. Se aísla a los débiles en un mundo de alianzas y prestigio. Se aísla a los parias, a los culpables, a los que merecen un castigo.

---

[2] El título proviene de un texto de John Donne, que también serviría a Hemingway para titular una de sus obras más conocidas: «Nadie es una isla por completo en sí mismo; cada hombre es un pedazo de un continente, una parte de la Tierra. Si el mar se lleva una porción de tierra, toda Europa queda disminuida, como si fuera un promontorio, o la casa de uno de tus amigos, o la tuya propia; por eso la muerte de cualquier hombre me disminuye, porque estoy ligado a la humanidad; y por tanto, nunca preguntes por quién doblan las campanas, porque están doblando por ti».

¿En cuántas películas sobre cárceles hemos visto que el peor de los correctivos es la «celda de aislamiento»? En ella, la distancia con el resto de los internos, la incomunicación, el silencio y la soledad del prisionero se vuelven un enemigo peor que los golpes o las amenazas. El castigado tiene que lidiar con la ausencia de palabras, con una prisión aún más dura que la celda, como es el no tener alguien con quien compartir el sufrimiento. ¿Quién no recuerda el heroísmo épico del coronel Nicholson (Alec Guinness), en la primera parte de *El puente sobre el río Kwai*, resistiendo el encierro al que lo someten los japoneses, en condiciones verdaderamente adversas, y venciendo, al fin, tras conseguir no sucumbir al desaliento o la locura? Otra película, en este caso la argentina *El secreto de sus ojos*, jugaba hace unos años con la idea del aislamiento como castigo, proponiendo como la más refinada venganza el encierro en soledad y de por vida. Aislar al rival, al enemigo, al adversario, privarlo de vínculos, de conversación o de interacciones de cualquier tipo se convierte en una estrategia que solo puede conducir a su aniquilamiento. «Por favor, pídale que, aunque sea, me hable», suplica –en una escena estremecedora– un hombre condenado durante largos años a la soledad más absoluta. Ya no pide que lo liberen. Tan solo que alguien le diga a su captor que al menos le dirija la palabra[3].

El aislacionismo nos parece una mentalidad excluyente, que solo convoca distancias y barreras, y a largo plazo conduce a la incomunicación.

---

[3] G. HERRERO (productor) y J. CAMPANELLA (director), *El secreto de sus ojos*, Argentina-España: Haddock Films (2009), http://bit.ly/2vSHcvt.

Por todas esas razones, que alguien como Merton nos diga que nadie es una isla contiene implícita una promesa. Por muy solo que puedas sentirte, ha de haber algún espacio, algún ámbito, algún resquicio por donde poder aferrarte a los otros, o al Otro.

No ser una isla significa tener acceso a otros importantes. Significa que alrededor, cerca, por alguno de tus extremos, hay vínculos irrompibles, alguna franja de tierra –afecto, amor, pasión, implicación de algún tipo– que te une a alguien con quien puedes vivir, charlar, amar, confiar, comunicarte y bailar.

Sin embargo, a la afirmación de Merton habría que oponerle la contraria. No para desautorizar al monje, que es profundo, brillante e intuitivo en su conocimiento del ser humano y de la fe, sino complementando lo que dice. Al tiempo que podemos afirmar que nadie es una isla, sería justo señalar que, de algún modo, todos somos islas. Hace años, escribía en la revista *Vida Nueva* una columna quincenal. Los temas eran diversos. Podía escribir sobre sociedad, cultura, Iglesia, alguna noticia del momento o cuestiones un poco más intemporales. De vez en cuando, algún lector me enviaba al correo un comentario sobre lo escrito, en ocasiones para mostrar acuerdo, y otras veces para puntualizar o discutir alguna afirmación. En todo caso, no era muy habitual recibir ese tipo de mensajes. Hasta que una semana escribí este artículo, titulado *Archipiélago humano*:

> «A veces tengo la sensación de que todos tenemos algo de islas. Vivimos en contacto con otras personas (muchas o pocas, eso ya depende, pues cada historia es única). Nos vemos a distancia (mayor o menor, pero

distancia). Y entre esas gentes cuya vida se entreteje con la tuya va habiendo de todo: padres, hermanos, hijos, compañeros de trabajo o de comunidad, amigos, amores, jefes, subordinados, pareja, gente a quien atendemos, otros que nos atienden…

Y por más que se cruzan nuestros caminos, que nos reconocemos y compartimos partes del trayecto; por más que buscamos, y en ocasiones, hasta encontramos intimidad, cercanía, o amor… también hay en cada uno de nosotros un punto de soledad, de unicidad, de hondura a donde nadie más se asoma. Hay tantos pensamientos, ideas y emociones que nunca compartiremos… Tanto secreto en nuestros deseos, ilusiones, llantos o miedos. Hay tanta vida oculta, cotidiana, anónima, en nuestros días.

Esa es una de las tensiones más fecundas, aunque también más dolorosas, de la vida. Moverse entre la soledad y el abrazo, entre la distancia y el encuentro, entre la diferencia y la unidad. Y así vivimos, tendiendo puentes o buscando barcos que nos ayuden a atracar, aunque sea por un tiempo, en puertos ajenos; abriendo nuestra tierra para que puedan hollarla pies distintos. Entre la alegría de descubrir a otros próximos en la vida y el dolor de no poseerlos, de dejarlos marchar cuando llega el momento, de respetar sus tiempos, sus espacios, sus silencios.

Somos creados para el encuentro y la comunión. Y por toda la gente sola; por todos los llantos velados; por las heridas silenciadas; por los miedos ocultos; por tantos puertos cerrados; por los abrazos negados… no podemos rendirnos».

Mi sorpresa fue que, a partir de la publicación de esa columna, durante las siguientes semanas recibí más mensajes de los que había recibido con todos los artículos anteriores juntos. En esos correos, personas muy diferentes me escribían para contarme que, al leer la descripción de ese archipiélago humano, se habían visto reflejados. Me decían que parecía que estaba hablando de ellos. Me explicaban que también se sentían en muchas ocasiones así, como islas, lidiando con ese punto de soledad, y que las tensiones que había descrito parecían estar siendo una radiografía de algunas de sus propias relaciones.

Ganas me daban de contestar que, probablemente, en el momento de escribir aquella columna me había descrito a mí mismo, en uno de esos periodos en que tienes que pelear con tus propios fantasmas. La realidad es que, seguramente, nos había descrito a ellos y a mí mismo. Había descrito algo que forma parte de muchas vidas (¿quizás en ocasiones de todas?): las tensiones, tan humanas, entre cercanía y distancia, entre encuentro y separación, entre caricia y lejanía.

2

Todo por una caricia

Hace muchos años, siendo un joven estudiante jesuita, acudí a un retiro con el resto de mis compañeros que estábamos en formación. Normalmente hacíamos un triduo de renovación de votos a mediados de curso, en los primeros días de enero. Era la ocasión para refrescar un poco los motivos, para hacer una pausa en medio de la vida cotidiana y para tratar de profundizar en el sentido de nuestro compromiso con la pobreza, la castidad y la obediencia.

Aquel día concreto, quien nos daba los puntos para la oración estaba hablando del voto de castidad. Había estado proponiéndonos algunos textos evangélicos sobre el amor y dando algunas pinceladas sobre el sentido de este voto. No recuerdo demasiado bien qué nos había dicho, pero estoy seguro de que iba en la línea de proponer la castidad no como una forma de aislamiento, soledad o represión, sino como el abrazo de una forma diferente de amar. Palabras bonitas, que tienen un trasfondo real. Sin embargo, tras decirnos todo eso, hizo una breve pausa, como para captar bien nuestra atención, y cuando el silencio era expectante, nos dijo: «Ahora bien, tenéis que ser conscientes de algo: habrá momentos en la vida en los que lo cambiaríais todo por una caricia».

El silencio que siguió a estas palabras fue sepulcral. Éramos casi cien jóvenes, la mayoría en la veintena, y una declaración así tocaba justo uno de nuestros miedos más profundos. Porque una cosa es la mezcla de audacia, pasión y también cierta inconsciencia de la juventud, que te permite lanzarte a un compromiso de por vida, y otra bien distinta es empezar a descubrir lo que significa ese «para siempre». Si yo había pensado, cuando hice mis votos a los veinte años, que tenía todo claro y que siempre iba a ser fácil, ya con veintidós empezaba a ser consciente de que había por delante muchas batallas y encrucijadas que debería afrontar según llegasen. La advertencia de este compañero, más veterano y más experimentado, solo venía a ratificar eso. Resonaban en mi cabeza y en mi corazón sus palabras: habrá momentos en la vida en que lo cambiarías todo por una caricia. Y tenía que decirme, con honestidad, que ya sabía que su profecía era cierta. Porque ya entonces empezaba a intuir que habría momentos en los años por venir en que la nostalgia de una pareja, una intimidad o una familia propia me llevaría a cuestionar certidumbres y compromisos.

Entonces, en los momentos en que era más sincero conmigo mismo –o en los que estaba más inseguro– yo pensaba, con una mezcla de subjetividad, romanticismo e idealismo, que no había vida más solitaria que la del célibe. Por eso la promesa de batallas, nostalgias y caricias añoradas se volvía un reto y un golpe de sinceridad. ¿Tendría esta vida nuestra otra forma de volcar afectos, vaciar soledades y abrazar vidas? ¿Conseguiríamos ser familia de otra manera? ¿El futuro era amarlo todo, todos y todas, como bien señalaba el obispo Casaldáliga en su impresionante *Aviso previo a unos muchachos que aspiran a ser célibes*, o uno terminaría convertido en un soltero taciturno, con una sombra de melancolía por los caminos no elegidos? Eran muchos los fantasmas que me rondaban entonces.

Sin embargo, ahora, bastantes años después, puedo decir, desde la experiencia que da el haber acompañado a muchas personas, que aquella percepción que tenía («No hay vida más solitaria que la del célibe») era un absoluto despropósito. No solo porque, efectivamente, el corazón y el horizonte se van llenando de nombres, memorias, abrazos y vivencias compartidas en esta vida que he elegido, aunque también haya momentos para las añoranzas y la nostalgia por las opciones que dejé atrás. Lo que he descubierto, con los años y la conversación que te permite asomarte a otras historias, es que hay soledad –como hay posibilidad de encuentro– en todas las vidas. Eso sí, cada una es diferente. Muchas veces he recordado, con dolor, aquella profecía de que una caricia añorada te obligaría a cuestionar certidumbres y seguridades. Pero también hoy intuyo que a veces es más solitario acostarse en la cama con la pareja con la que compartes tu vida, cuando entre los dos se ha instalado un muro de silencio, alguna dificultad o una herida clavada entre ambos, y te sientes a años luz de distancia, que dormir solo. Y es que la soledad, esa amante inoportuna, tiene muchos rostros.

3

Rasgos de la soledad

Cuando hablamos de soledad, en realidad estamos hablando de muchas vivencias, de aspectos diversos de la vida, y probablemente cada uno de nosotros la definiríamos de un modo distinto, evocando momentos e historias diferentes. Por eso, antes de adentrarnos en una reflexión sobre sus motivos y sus respuestas, quizás pueda ser útil entresacar algunos rasgos que nos permitan aproximarnos a todas esas vivencias. Podríamos decir que la soledad es diferente (una compañera de viaje con muchos rostros); que es subjetiva (porque no todos la vivimos de la misma manera, aunque estemos en situaciones o momentos semejantes de nuestra vida, por lo que no hay recetas fáciles para lidiar con ella); que tiene algo de paradójico (y es que puedes encontrarte solo en medio de una muchedumbre, y acompañado en medio de un desierto); y, por último, que a veces acaricia y otras veces muerde. Intentemos, en los próximos apartados, desentrañar estas afirmaciones.

3.1. Una compañera de viaje con muchos rostros

En la literatura, a veces, hay relatos sobre caminantes que se aparecen bajo formas distintas a los peregrinos. Me gusta esa misma imagen para describir a la soledad. Es una compañera de camino que, en ocasiones, nos sale al encuentro. Pero tiene muchos rostros y diversos nombres. O, dicho de una manera más prosaica, hay formas diferentes de soledad. Sin pretender hacer una generalización exhaustiva, ni querer implicar que todos vivamos las cosas de la misma manera, pensemos, por ejemplo, en cómo a distintas edades toca lidiar con los diferentes rostros de la soledad.

Dicen los psicólogos que ya hay una vivencia infantil de la soledad. Tendrá que ver con padres ausentes o distantes, algo por desgracia abundante hoy, cuando demasiadas veces las agendas, la urgencia y unos horarios extremos mantienen a los adultos fuera de casa, y a muchos menores hiperocupados para paliar esa ausencia. También tendrá que ver, sobre todo en nuestras sociedades occidentales, con la ausencia de otros menores con los que jugar, en hogares donde con frecuencia no hay más que un hijo. Tampoco es fácil para los más pequeños procesar todos los cambios que vienen cuando una familia se rompe –algo tan frecuente hoy en día– y toca pasar el tiempo en hogares alternos, relacionarse con nuevas parejas de los padres, a veces con hijos de matrimonios anteriores, habituarse a rutinas alternativas en función de con quién se pase la semana… En demasiadas ocasiones se termina profesionalizando la ayuda a los menores en forma de psicoterapeutas y psicólogos de los colegios, que sin duda son necesarios, pero que no pueden suplir la seguridad que proporciona la estabilidad y el tiempo compartido con los padres. Imagino que hay niños para quienes la soledad sea un vago sentimiento de añoranza, de ausencia, de demanda de cariño. Para otros será una incomodidad imprecisa, nacida de pasar más horas siendo estimulado por máquinas y aparatos electrónicos que por la interacción con otros críos o con adultos.

¿Qué decir de los adolescentes? También tienen que lidiar con sus momentos de soledad. Porque el adolescente es alguien a quien el mundo se le queda pequeño y grande al tiempo. Ya se siente demasiado mayor para ser tratado como un niño, pero es demasiado niño para ser tratado como un joven, aunque él se sueñe ya como un adulto. Le toca pasar una época de muchos cambios. Los adultos no lo entienden. En casa los padres dejan de ser autoridad incuestionable, para ser autoridad más que cuestionada (suponiendo que no estemos hablando de los pequeños tiranos que ya desde la más tierna infancia han sometido a sus mayores, lo cual también se da). Y si los adultos no te entienden, con los iguales hay cosas de las que no se sabe o no se puede hablar, porque son precisamente todas esas que uno piensa que los alejarían. Porque en la adolescencia hay que mostrarse seguro, fuerte, tajante y vencedor. La presión por brillar es enorme –y hoy viene multiplicada por la actividad, desde edades bien tempranas, en las redes, que se han convertido en un escaparate destinado a gustar y ganar seguidores–. La obligación de exponerse y atraer hace aún más acuciante el imperativo de brillar. La realidad, sin embargo, es mucho más gris. Y el adolescente lo sabe. Sabe de sus inseguridades: que no se ve ni tan guapo, ni tan atleta, ni tan triunfador como le parecen los demás. Aunque pueda tener una pose de fanfarrón y ni siquiera sea consciente de las dudas que lo atenazan. Eso en el mejor de los casos. Ya no hablemos del que se sabe o se siente menos acogido. El que no se siente popular. El que tiene que mendigar reconocimientos, aceptación o inclusión por parte de los líderes que siempre hay, y que suelen dispensar cartas de ciudadanía en los grupos, que a esa edad son tan importantes. Si el adolescente es directamente rechazado, víctima de acoso en sus diferentes gradaciones, que van desde la sutil burla al *bullying* brutal, ¿con quién habla de todo eso? Los adultos a menudo parecen ignorarlo, y contarles lo que sucede sería una forma de ratificar un fracaso, una falta de valor, una fragilidad que cuesta reconocer a todas las edades, pero más que nunca cuando uno piensa que encajar con el grupo lo es todo. He ahí una de las tragedias de la adolescencia: el grupo marca la tendencia, cuando el desarrollo es más irregular, pues no todos los adolescentes crecen a la vez. Y en medio de todo esto, toca lidiar con las tensiones propias de la maduración: la búsqueda de la propia identidad, los conflictos asociados con los primeros amores, la contradicción entre un cuerpo que empieza a mostrarse adulto y una forma de pensar que aún no termina de entender la complejidad de las relaciones humanas. Por eso, para el adolescente hay tantas cosas que son dramáticas y extremas, y su gama de colores admite menos la escala de grises que el blanco y negro.

Tampoco el joven está libre de soledades. Algunas todavía son las mismas de esa adolescencia que se alarga en el tiempo: complejos, rechazos, necesidad de gustar, sensación de no estar a la altura de lo que crees que se espera de ti... Nuestro mundo idealiza la juventud contemporánea, pero la verdad es que ser joven hoy es estar sometido a un constante escrutinio. Y eso no es fácil. Hay que vencer unas cuantas batallas en esta etapa para no quedar preso de una adolescencia perpetua. Junto a ello, aparecen otras situaciones en las que nuevos retos te enfrentan a un abismo que nadie más puede salvar por ti. Quizás las más destacadas tienen que ver con las decisiones que tienes que tomar por ti mismo. Hay una etapa de la vida en la que vas de la mano de los adultos. Cuando eres niño, te van llevando y trayendo. Hasta físicamente parece que de pequeño tienes que estar sujeto, protegido, como los menores a los que hay que acomodar en el coche, y tienes que estar siempre controlado. De pequeño, son los adultos los que deciden cómo pasas el tiempo, a dónde vas de vacaciones, en qué colegio estudias, qué haces el fin de semana o con qué actividades se complementa la jornada escolar. Los adultos deciden si te llevan a catequesis, o si te educan sin religión. Y aunque de adolescente empiezas a pelear tus batallas, lo haces con el colchón de seguridad que da el saber que, al final, ante el error, hay unos padres que responden o sacan la cara por uno.

Pero llega un momento en el que eso ya no sirve. Hay decisiones que tienes que tomar tú, porque van a marcar tu vida. Y, si aciertas o te equivocas, las consecuencias las vas a sufrir o a celebrar tú. Decisiones que van siendo más trascendentales desde que te haces mayor de edad hasta que bordeas la treintena: ¿qué estudiar? ¿A qué dedicar tu vida? ¿Cuándo empezar una relación seria? ¿Llegará el momento de abandonar el hogar paterno y emanciparse? ¿Alargar los estudios, en una última resistencia a entrar en el mundo adulto, o aceptar por fin tu primer trabajo? ¿Te atreverás, de una vez, a optar por algún compromiso definitivo? ¿Estás preparado para tener un hijo? Todas esas decisiones, o parecidas, pueden llegar en esta etapa de la vida. Y da vértigo el saber que, hagas lo que hagas, tienes que decidirlo tú, y cargarás con las consecuencias de tus aciertos y tus errores.

Hacerse adulto, y darse cuenta de que ser adulto quiere decir mayor, también da un poco de vértigo. Esa sensación de incredulidad que uno tiene la primera vez que un joven lo trata de usted –si eres adulto, sabes de qué te hablo; si eres joven, lo sabrás, aunque ahora no lo creas– casi se vive como una ofensa, y arrojas abruptamente un «Trátame de tú» con más molestia que cordialidad. Porque todos hemos pensado que esto de hacerse mayor no iba con uno. Por eso proliferan los mensajes para convencerse de que no es para tanto, y generaciones enteras tratan de sugestionarse con banalidades como que «los 40 son los nuevos 25» o que «la juventud está en la mente y no en los años». Tonterías. Los 40 son 40. Cuatro décadas. Enteras. Y a esa edad ya no eres joven.

Cuesta hacerse mayor. Se habla de la crisis de los 40, que a unos les llega antes y a otros después, pero a la mayoría asalta en algún momento. Es ese instante en que te das cuenta de que se te ha empezado a hacer tarde, sin casi darte cuenta. De que has vivido ya media vida. Hasta haces cálculos de dónde estabas hace 20 años y dónde estarás dentro de 20, y no quieres ni imaginarlo. Toca procesar que quizás has dejado atrás los años de una despreocupación más fácil, y tus compromisos, que un día abrazaste con pasión, ahora se tiñen también de rutina, y en ocasiones de una cierta melancolía pensando en todo lo que has dejado atrás. Toca hacer balances de éxitos y fracasos, y quizás pesan más las lagunas que las ganancias; quizás los logros profesionales no son los que esperabas, y te ves ya a mitad de la carrera de fondo que es la vida, en una posición algo peor de la que un día imaginaste; tal vez los hijos han dejado atrás la edad en que era más fácil manejarlos, y su rebeldía o displicencia de ahora te muerde más de lo que quieres reconocer, porque en el fondo late la terrible duda de si ellos te quieren como tú a ellos. Quizás el amor está más asentado en un punto de monotonía y costumbre, y en ocasiones, añorando otras épocas de mayor emoción o despreocupación, te preguntas qué has hecho mal, sin darte cuenta de que esto de ahora también es amor, solo que de otra manera.

Entonces te preguntas si ha merecido la pena. Entonces tienes que reconocer que algunos de tus sueños se han quedado en eso, en deseos que no han llegado a materializarse, por falta de oportunidad, de coraje o de acierto. Esto no quiere decir que no estés contento. Tampoco significa que hayas fracasado o que quisieras renunciar a la vida que llevas. No es una traición a tu pareja, a tus hijos o a tu vocación. Es solo que descubrir el paso del tiempo en la vida es un acontecimiento solitario, que nadie puede hacer por ti. Y el día que llega te descoloca. Es ese día en que reconoces que te has hecho mayor. ¡Qué descubrimiento tan contundente! Y tan relativo, pues para otros sigues siendo un chaval. La perspectiva del tiempo es así.

Por último, la vejez tiene también sus propias dosis de soledad. Hay tres grandes soledades asociadas a la vejez. La primera es la de la salud. Envejecer es duro. Achaques y disminuciones que siempre has visto en otros, con cierta distancia, toca vivirlos ahora en primera persona. Cargar pesos, subir escaleras, caminar rápido, cosas que antes hacías sin pararte a pensar en ellas empiezan a requerir un esfuerzo consciente. Y uno se resiste a decirse que no puede. Te da rabia tener que visitar al médico con más frecuencia, y en ocasiones hasta tratas de ocultar disminuciones y síntomas, resistiéndote a mostrarte demasiado vulnerable.

La segunda es la soledad de la inactividad. Por supuesto, hacerse mayor no significa tener que sentarse en un sillón a ver pasar las horas. Hay infinidad de posibilidades, y cada vez más, a medida que se alargan los años de la llamada «tercera edad» y a medida que se desarrollan mejoras sanitarias. Pero, con todo, hay mucha gente mayor que, al dejar de estar ocupada en lo que le ha llenado las jornadas durante largos años, se encuentra perdida, sin saber bien qué hacer. El cambio se puede vivir con la sensación de no ser ya necesario, de sentirse inútil, y el miedo a estar de más, a estorbar, muerde con saña a algunas personas, que se resisten con uñas y dientes a echarse a un lado.

La tercera es la soledad de la muerte. Esta viene por dos caminos. En el horizonte empieza a perfilarse con un poco más de nitidez la perspectiva de un final que siempre se vio lejano, y que parecía cosa de otros. Las preguntas por el sentido, la finitud y el más allá resultan más apremiantes en este momento. Por otra parte, toca despedir a gente de la propia generación. Amigos, familiares, conocidos que formaron parte de un pasado lleno de vida y memorias van falleciendo, y el hueco que dejan ya no se llena.

Si, en lugar de hablar de las edades, hablamos de otras dimensiones de la vida, podemos advertir idéntica pluralidad de rostros para la soledad. Decía antes que no es la misma la soledad del célibe que la del casado. Y es cierto. Solitario es no tener alguien con quien compartir cierta intimidad y ternura. Pero solitario es, también, teniéndolo, sentirse lejos por la incomunicación, los problemas o el cansancio que va tiñendo algunas relaciones. Solitario es no tener hijos a cierta edad. También lo es tenerlos y no saber cómo alcanzarlos, cómo aceptar su distancia de ciertos momentos, cómo verlos amigables con todos menos contigo, y no sucumbir por ello al desaliento o la rendición. Distinta es la soledad que, a su vez, experimentan los hijos, que al tiempo se sienten rebeldes y culpables, que no saben responder a lo que perciben como nostalgia paterna de una época que ya dejaron atrás.

No es la misma la soledad del enamorado no correspondido que la del que no llega a encontrar nunca esa persona que le haga sentirse el centro del mundo.

De soledad pueden hablar mucho las personas que han de lidiar con enfermedades largas, y en ocasiones se sienten incomprendidas, mal acompañadas o tratadas con una condescendencia que no se corresponde con lo que las limita.

También existen vocaciones más solitarias, como la del intelectual que pasa largas horas entre libros, consagrando su tiempo, energía y talento a la profundización en un campo del saber del que quizás luego no puede conversar con nadie más que con los tres o cuatro expertos como él, desperdigados por el mundo.

Esta soledad inherente a algunas vocaciones la expresaba magistralmente Paul Auster hablando de su faceta de escritor, en una entrevista en la que, revisando su vida, reconocía: «A veces me pregunto por qué me he pasado la vida encerrado en un cuarto escribiendo cuando afuera está el mundo lleno de vida y de posibilidades. La escritura exige entregarse a ella sin fisuras, abrirse a toda forma posible de dolor, de gozo, a todas las emociones que es posible sentir. Hacerlo bien requiere coraje moral. Ninguna otra ocupación exige a quien la desempeña que entregue el ser, el alma, el corazón y la cabeza sin saber si al final habrá recompensa»[4].

Está la soledad del líder, que experimenta todo aquel que haya de ocupar posiciones de responsabilidad y poder, y la soledad del corredor de fondo, que daba título a una novela sobre la rebeldía y la superación[5]. Hay soledades vinculadas a la fe, al arte, a las aficiones. En definitiva, y como señala el título de este apartado, la soledad es una compañera de viaje que se aparece con muchos rostros y en diferentes momentos de la vida.

3.2. ¿Hay recetas para la soledad?

El apartado anterior necesita ser enmendado con una afirmación que puntualice lo que en él se propone: por más que intentemos generalizar, entresacar rasgos comunes o señalar aspectos de la vida que se pueden dar con más frecuencia en unas etapas que en otras, no todo el mundo, aunque comparta determinados rasgos, experimenta la soledad de la misma forma. No todos los niños, ni los adolescentes, ni los jóvenes, ni los adultos,

---

[4] *El País*, 1 de septiembre de 2017.

[5] A. SILLITOE, *La soledad del corredor de fondo,* Impedimenta, Madrid 2013.

ancianos, célibes, casados, o cualquier otra clasificación que queramos hacer encajan de la misma forma en una descripción.

Nuestras vivencias tienen mucho que ver con la propia historia, con la educación recibida, con los valores que se nos han inculcado desde pequeños, con los episodios más y menos traumáticos de nuestro recorrido, con las relaciones que hayamos tenido y con nuestro carácter, que en parte se habrá forjado a través de todo lo anterior y en parte viene condicionado por la biología y la genética.

Dicho de otro modo: la vivencia de la soledad es subjetiva. Es muy conveniente tener esto claro, pues si no, inmediatamente podemos caer en dar recetas, olvidando que lo que vale para una persona no necesariamente vale para otra. El consejo basado en la propia experiencia «Yo te diría que...» necesita, en este asunto, complementarse con un tiempo dedicado a escuchar y tratar de comprender qué quiere decir alguien cuando afirma, con cierta desazón: «Me siento solo». Porque sentirse solo no siempre significa no ser querido. A veces la soledad habla de amor. Otras de fracaso. O de limitación, cansancio, competitividad, culpa, inseguridad, y una larga lista de posibilidades.

Ello no quiere decir que no se puedan compartir experiencias, o dar consejos –parte de este libro resultaría imposible si todo en la soledad fuera tan subjetivo que nunca pudiéramos ponernos en la piel del otro–. Pero sí significa que hay mucho terreno para el matiz y, por lo mismo, para aprender del otro.

3.3. Soledad en medio de una muchedumbre. Encuentros en el desierto

Un tercer rasgo es el carácter paradójico de la soledad. Tal vez a primera vista podríamos decir que la soledad tiene que ver con la falta de interacciones y vínculos inmediatos. Según eso, quien está rodeado de gente, y constantemente interactuando con otros, no se sentiría solo. Y quien está rodeado de silencio, y lejos de las personas que le importan, experimentaría el vacío y la ausencia como algo doloroso e hiriente. Pero eso no es así, en realidad. O no lo es siempre.

¿Cabe sentirse solo en medio de una muchedumbre? Sin duda. Sentirse solo, aunque tu vida esté llena de vínculos. Aunque pases tu tiempo sin un instante para ti mismo. Aunque siempre haya otros a tu alrededor, cerca, tendiendo una mano, una palabra, una propuesta. Puede ocurrir, en medio de esas agendas sobrecargadas, que la falta de instantes de alejamiento, intimidad con uno mismo o quietud, se vuelva la peor barrera para llegar de verdad a los otros. Entonces el otro puede convertirse en una carga, en una exigencia o en una presencia invasiva. Una familia omnipresente, un grupo de amigos absorbente, una pareja posesiva, cualquier relación basada en la dependencia pueden ser el tipo de presencias que, sin dejarte tiempo para ti mismo, sin embargo, te aíslan en una burbuja de incomunicación.

En el extremo opuesto, también el desierto puede ser espacio para los encuentros. Cuando hablo de desierto, me refiero a esos espacios de horizontes más amplios, donde el silencio se vuelve tangible, donde las relaciones importantes, por los motivos que sean, están a distancia. Sin embargo, esto, vivido con paz y sin presión, puede ser algo elegido que, lejos de aislarte, te ayuda a profundizar en los vínculos que tienes. Hay gente que, por diversas razones, busca un poco de quietud, de silencio, de tranquilidad y lejanía. Hay quien se retira para encontrarse –y encontrar a los otros–. Hay quien vislumbra, en un paseo solitario por la ciudad, muchos más vínculos de los que podría percibir en una red incesante de interacciones y palabras. Hay quien, por carácter, necesita su espacio, su tiempo y su ritmo, sin que ello le lleve a vivirse aislado. Y hay, en fin, algunas personas con las que tienes relaciones tan sólidas, tan asentadas y tan libres que aun a distancia sabes y sientes que forman parte de tu vida, de tu presente y de tu horizonte, aunque en el momento no estén cerca.

3.4. Una soledad que es caricia, otra que muerde

Aunque a veces le pongamos a la palabra toda una carga de heridas o derrota, la soledad no siempre es inquietante o dolorosa. Es cierto que a menudo expresamos el miedo a la soledad como una vivencia que nos preocupa y en ocasiones nos lleva a rebelarnos, pero también hay otra soledad buscada, valiosa, querida y fecunda. ¿Quién no se ha dicho, en alguna ocasión, lo bien que le vendría tener un espacio para sí? Y si te lo puedes permitir, por tiempo, recursos y actividad, a veces te aíslas, te alejas, y en ese espacio más solitario te sientes bien. Incluso, por carácter, hay personas mucho más solitarias, que disfrutan de la distancia, de la separación, del tiempo sin encuentros, y llenan mucho de su espacio y su horizonte con actividades que no implican relaciones –o al menos no las implican de una manera interpersonal–.

Ejemplos de estas formas de vivir una soledad que acaricia hay muchos: una tarde con la única compañía de un buen libro, que te lleva a zambullirte en historias ajenas, a viajar con la imaginación, a volar por espacios desconocidos que abandonarás cuando cierres la última página; un tiempo de oración, donde esa soledad está habitada por la Palabra o por su búsqueda; un largo paseo contemplando la ciudad, imaginando las vidas de quien se cruza contigo, pero celebrando también la distancia con ellos; un viaje que emprendes sin compañeros de camino, aunque vayas abierto a encontrarte con otros.

Con esta soledad no es difícil bailar. Quizás porque su música es más fácil y menos estridente.

Sin embargo, hay otra soledad hiriente, dolorosa, que se podría decir que muerde. Es la soledad no buscada, no querida y no aceptada. A esa es a la que de verdad tenemos miedo. Cuando alguien exclama «Me siento solo» y lo dice con rabia, con dolor o con sensación de ausencia. Puede ser una expresión genérica, en el vacío, que refleja el deseo de que tu horizonte se pueda poblar con presencias que intuyes, pero a las que no pones rostro. Así, quien en un cierto momento de la vida se lamenta por no haber encontrado una pareja con la que compartir intimidad, vida y proyectos, quizás no tenga un nombre concreto en la mente al señalar esa añoranza, pero siente el vacío de que no haya una persona así en su vida.

También es posible que la vivencia sea más concreta, más focalizada. Lo que añoras no es «alguna presencia», así en abstracto, impersonal y genérica, sino que más bien echas de menos a alguna persona concreta. Un ser querido que ha fallecido y que ha dejado en ti un vacío que no hay modo de llenar. Alguien importante en tu vida que, por las circunstancias que sean, está lejos y con quien toca vivir una etapa de más separación y distancia. Un amor truncado, que te muerde con nostalgia, recordando momentos compartidos, episodios que ves irremediablemente en el pasado. O un amor no correspondido, que te muerde con saña, fustigándote con una mezcla de interrogación, reproche o deseo sin fuerza. Gente de confianza a la que, por los motivos que sean, te resulta difícil alcanzar, quizás por inseguridad, por preocupación o por temor al rechazo.

Con esta soledad que muerde es mucho más difícil bailar. Porque uno se rebela. Porque su música es ruido, estridencia o un silencio atronador. Porque quisieras gritar, golpear, resistirte, doblar la mano del destino y llenar el horizonte con esos nombres que se mantienen a distancia. Porque, en estos casos, la soledad se vive también como fracaso, como abandono, como rechazo o como incapacidad, y todo eso es más difícil de procesar.

De esta soledad mordiente, de este baile que hay que aprender, a pesar de caminar con pasos vacilantes, quiero hablar en este libro. Para proponer una música diferente y posible. Para ayudarnos a volar.

SEGUNDA PARTE

Motivos para la soledad

¿Se siente hoy más sola la gente que antes? ¿Hay más vivencia de separación, de incomunicación o de ausencia? Hace tiempo, un compañero jesuita que llevaba bastante tiempo fuera de España, tras pasar unas semanas visitando a su familia, señalaba, con cierta sorpresa y preocupación, que entre los cambios que le llamaban más la atención estaba la percepción de cómo el aumento de los medios de comunicación y los dispositivos móviles, lejos de generar una sociedad con más vínculos, le parecía que había generado una sociedad más incomunicada. Y concluía su reflexión con una cuestión bien interesante: «Me pregunto si la Iglesia no tendría que intentar ofrecer una espiritualidad de la soledad, en este mundo donde tanta gente se siente sola».

Es cierto. Con frecuencia vemos análisis que inciden en la existencia, cada vez más extendida, de la soledad en los países occidentales. Hay congresos, debates y estudios donde se intenta descifrar qué está ocurriendo. Hay estudios sociológicos que van acumulando datos sobre la cantidad de hogares unipersonales en nuestras ciudades, una cifra en constante aumento en diversas franjas de edad. Algunas afirmaciones se han vuelto lugares comunes, como insistir en la paradoja de la incomunicación en la sociedad de la comunicación.

La cuestión es: ¿esto de la soledad está más presente hoy? ¿Es algo que siempre ha existido, porque forma parte del ser humano? ¿Qué rasgos o experiencias contemporáneas inciden más en ello o hacen que su vivencia sea particularmente punzante?

En las próximas páginas intentaré desbrozar algunos motivos para la soledad contemporánea. Estoy seguro de que, como toda generalización, será, por una parte, insuficiente, y por otra, excesiva. Sin embargo, mi objetivo con ello es que el lector pueda reaccionar, reconocerse quizás en algunos rasgos y reflexionar sobre otros que no estén recogidos aquí.

Ya aviso de antemano. Esta segunda parte es exigente. No es una fiesta para los sentidos, porque, siendo una descripción de motivos para que nos muerda la soledad, va a insistir en dinámicas muy humanas, pero que no son fáciles, y a lo mejor remueve algunas historias heridas que todos podemos tener. Estoy seguro de que, si estuviera escribiendo sobre motivos para la alegría, sobre barbacoas con amigos, sobre la música de dentro, sobre la literatura que hace volar la imaginación, sobre la ligereza más amable, la belleza de la creación o el entusiasmo en la sociedad contemporánea, el resultado sería más festivo. Pero a veces hay que adentrarse en la niebla para alcanzar la luz que está al otro lado.

Me comprometo a que la tercera parte del libro sea mucho más abierta a la esperanza. Porque, así como ahora voy a describir lo que nos muerde o paraliza, entonces trataré de tocar la música y describir el baile que nos puede ayudar a plantarles cara a las sombras.

Expondré, en los próximos capítulos, tres tipos de motivos. Los primeros tienen más que ver con las biografías personales. Los segundos, con esta sociedad de la información. En tercer lugar, trataré de señalar las grandes heridas del hombre contemporáneo.

4

Algunos motivos personales

Cuando hablo de algunos motivos personales, me refiero a algunas dimensiones de la vida contemporánea con las que, necesariamente, las personas han de lidiar en solitario. Son vivencias más íntimas, que empiezan en uno mismo y que a veces toca afrontar sin tener a nadie cerca. Entre ellas me gustaría señalar cinco rasgos que me parecen muy frecuentes en el día a día de la gente y de nuestras sociedades.

4.1. Viviendo solos

El primero de los motivos personales que quisiera recoger, que influye en la soledad, es el más evidente. Mucha gente se siente sola porque lo está. Lleva décadas aumentando en algunas sociedades –entre ellas la española– el número de personas que viven solas. Un informe –la Encuesta Continua de Hogares– del Instituto Nacional de Estadística de 2016 señalaba que en España el 25% de los hogares del país eran unipersonales. Y la tendencia no parece ir a la baja, sino más bien aumentar en cada estudio[6].

---

[6] Instituto Nacional de Estadística, http://bit.ly/2pn9Xc9.

Entre quienes no comparten vivienda, un porcentaje muy alto es el de los mayores de 65 años. Pero en todas las franjas de edad adulta se va dando esta realidad. Quizás por el aumento de la esperanza de vida, que hace que haya más personas que sobreviven más tiempo a su pareja; por la menor estabilidad de las uniones; por la cantidad de hogares o de parejas que no tienen hijos; por la mayor movilidad geográfica, que hace que cueste más echar raíces y obliga a que las familias vivan dispersas y alejadas, dejando a veces a miembros más aislados... Todo eso influye. Y el resultado es que hogares con uno, o a lo sumo dos integrantes, abundan, frente a grupos más numerosos compartiendo techo y vida.

Y pasar las horas en una casa vacía, rodeado de paredes, silencio –un silencio aliviado en todo caso por la televisión, la radio o el ordenador– y a veces la sensación de no tener a nadie a quien llamar o con quien hablar, todo eso se vuelve para mucha gente opresivo e hiriente. Cuando en ocasiones salta la noticia de alguien enfermo que ha fallecido y pasan semanas, meses o incluso años antes de que alguien lo haya echado de menos, nos estremece imaginar cómo sería la vida cotidiana de esas personas, las largas horas deshabitadas, la falta de rutinas compartidas con otros... ¿Quién no ha visto, en ocasiones, a un anciano que, al pagar en el supermercado o en algún otro lugar público, estira ese breve momento y trata de entablar conversación, mientras otros miran molestos, sin imaginar que quizás ese breve intercambio vaya a ser el único diálogo de esa persona hoy?

No quiero decir con esto que toda la gente que vive sola lo viva como un problema o como fuente de algún tipo de carencia. Muchos lo habrán elegido, y otros tendrán fuera de casa suficientes grupos, amigos o contactos. Pero la realidad, y el dato, es que cada vez hay más gente que vive sola no porque lo haya escogido, sino porque se ha quedado sola.

4.2. No hay nadie como yo. Cuando las biografías se vuelven líquidas

La imagen de Zygmunt Bauman sobre la sociedad líquida tiene aún un largo recorrido para describir la sociedad que nos rodea. Cuando el gran sociólogo polaco definió el mundo contemporáneo como un mundo líquido, lo que quería decir es que muchos recipientes sólidos que antes permitían contener la vida social se han difuminado, y por eso ahora nos queda tan solo una vida líquida, flexible, incontenible, que fluye y se desparrama en todas las direcciones[7].

Muchas dimensiones de la vida se han vuelto líquidas: la religión, la política, la cultura, la moral, la manera de vivir las relaciones, los miedos… Pues bien, quizás uno de los aspectos más difusos, pero más interesantes de esta pérdida de referencias comunes esté en las biografías, que también han perdido solidez para convertirse en itinerarios tan únicos, personales y complejos que es difícil para las personas reconocerse en el espejo de los otros.

¿Qué quiere decir esto de que las biografías han perdido solidez, o que se van volviendo líquidas? Hace décadas, personas que vivían en una misma generación tenían un

---

[7] Z. BAUMAN, *Modernidad líquida*, Fondo de Cultura Económica, Buenos Aires 1999.

horizonte relativamente estable y bastante parecido. Por una mezcla de previsibilidad, convención y seguridad, era fácil ubicar a las personas en un itinerario. Alguien que se casaba y estaba trabajando en una ciudad tenía muchas posibilidades de llegar a la jubilación en la misma ciudad y educar a sus hijos en un hogar más o menos estable, que aguantaría las tormentas de la convivencia y el paso del tiempo. Era posible que su vida laboral transcurriese siempre en la misma empresa y la movilidad social (ascender o descender en la escala social) no era algo ni muy abrupto ni demasiado frecuente. Para las personas era fácil reconocerse en sus coetáneos, y los grupos de amigos pasaban por situaciones bastante estándar.

Esto no significa que todas las vidas fueran iguales, ni mucho menos, pues las personas seguían siendo únicas. Pero sí significa que había cierta familiaridad que proporcionaba seguridad al mirar a los otros. Probablemente, la contrapartida de dicha estabilidad era un grado mayor de rigidez en la forma de vivir. Como en casi todo, cada situación presenta sus ventajas y sus inconvenientes.

En cambio, hoy en día, los itinerarios son mucho más imprevisibles, pues las condiciones de nuestro mundo cambian a marchas forzadas. Se dice que muchos de los principales trabajos del 2030 todavía no están inventados, así que ¿cómo se prepara la gente para algo que aún no existe?

La movilidad geográfica es casi un imperativo para algunas generaciones, y no únicamente dentro del propio país, sino con la vista puesta en cualquier lugar que te ofrezca posibilidades de trabajo y realización personal.

Tampoco hay mucha estabilidad en la educación. Se multiplican los sistemas educativos y los itinerarios dentro de dichos sistemas, por lo que, en cuanto nos separan unos años de edad, no es inmediato el identificarse con otros o dar por sentado que han pasado por las mismas etapas que uno.

Las formas de agrupación familiar se multiplican y se diversifican a marchas forzadas, de modo que no es fácil asegurar qué tipo de relaciones establecen las personas a las que uno conoce. Hoy un educador que tenga que dirigirse a una clase de niños de 10 años de edad tendría que evitar generalizaciones sobre el tipo de familia en el que se encuentran, pues lo más frecuente es que haya un porcentaje muy alto que viva en situaciones que hace unas décadas prácticamente no existían: segundas parejas, hermanos de varias consanguinidades, custodias a tiempos partidos y en residencias alternas...

Todo esto termina conduciendo, inexorablemente, a una falta de identificación con el otro. No es fácil reconocerse en otros cuyos pasos no puedes ni imaginar. ¿Qué habrán vivido? ¿Qué pasos habrán dado hasta llegar a donde están ahora? ¿Qué itinerario personal-laboral-emocional habrán recorrido? Como no es fácil intuirlo, tampoco es fácil relajarse y dar por sentado que el otro pueda comprender tus pasos y tus incertidumbres.

La soledad es, en muchos casos, una falta de raíces y de bosque. El que tiene que comenzar su vida en un nuevo lugar ha de afrontar una ardua tarea de búsqueda y conocimiento de otros a los que pueda llamar primero conocidos y luego amigos. Si a esto se le añade la falta de tiempo y la urgencia de las vidas aceleradas que llevamos, se comprenderá que las personas van teniendo menos posibilidades de abrirse a los otros. Proliferan las redes sociales destinadas a la búsqueda de gente semejante. En ellas las personas se describen y se atribuyen los rasgos que tienen –o los que creen tener, o los que querrían tener– para ver si en ese espacio digital llega a aparecer un alma gemela, un espíritu afín o una media naranja.

No, no es fácil reconocerse en las vidas ajenas. He ahí uno de los principales retos del hombre y la mujer posmodernos, agobiados, fragmentados, inseguros y deseosos de una individualidad que no los anule convirtiéndolos en parte de una masa.

4.3. Yo me lavo las manos. La tentación de la inocencia

Fue el filósofo francés Pascal Bruckner quien acuño la expresión de «la tentación de la inocencia» para describir una tendencia imparable en el mundo contemporáneo[8]. Es, entre otras cosas, la tendencia a lavarse las manos (y la conciencia) pretendiendo no ser responsables de nada. Una difuminación de la responsabilidad que él vincula a nuestra capacidad para hacernos siempre las víctimas, seamos víctimas o verdugos, y para declararnos inocentes siempre y en todo lugar.

Aunque su análisis tiene ya dos décadas, parece que el tiempo no le quita la razón. Asistimos, con demasiada frecuencia, a un baile de descalificaciones y reproches cruzados cada vez que hay que asignar alguna responsabilidad por algo que no nos gusta. La política, por ejemplo,

---

[8] P. BRUCKNER, *La tentación de la inocencia*, Anagrama, Barcelona 1996.

es un buen reflejo de este tipo de dinámicas. Ante un caso de corrupción, ante una decisión errónea, ante una crisis del tipo que sea, siempre se buscan culpables fuera. La culpa es del sistema, de los otros, de la coyuntura internacional, de personas concretas sin vinculación con los partidos… Cualquier argumento es bueno, si consigue dispensarnos de decir: «La culpa es nuestra».

Para adquirir la responsabilidad hace falta educar en ella. Pero en muchos lugares de nuestro mundo se extiende un lamento por parte de los educadores, que se sienten abandonados por la sociedad y por los padres. Si antes lo normal era que padres y maestros se uniesen para exigir al alumno, ahora es desgraciadamente frecuente que padres e hijos hagan frente común para descalificar al educador. Campa por nuestro mundo un espíritu de sobreprotección, que considera que no hay que exigir demasiado a los menores, no vaya a ser que terminen traumatizándose, o peor aún, rebelándose ante una autoridad de los adultos que, cuanto más se cuestiona, más se menoscaba.

Una consecuencia de todo esto es la falta de preparación para asumir las responsabilidades por los propios actos. Se vive el presente, se obvian las consecuencias y se multiplican las oportunidades. Evidentemente, esto no es una ley absoluta. Hay situaciones, proyectos y personas que educan bien y que preparan a los más jóvenes para un futuro plagado de encrucijadas y decisiones. Pero es más frecuente posponer el tiempo de los compromisos y las consecuencias asumidas. Intento ilustrarlo con un ejemplo.

¿Quién no se ha encontrado, en centros educativos vinculados a instituciones religiosas, con una escena similar a esta? Algún alumno es amonestado o sancionado por un comportamiento inadecuado, del tipo que sea. Y el responsable de dicha sanción, o el director de etapa o del centro, se ve asediado por los padres, que vienen a interceder por su hijo. Entonces empiezan una insistente negociación, a ver si consiguen evitar la sanción que sea. Se suceden argumentos variados. Seguramente hay un momento en que se intenta «demostrar» que el alumno tiene razón, y no las autoridades o el centro, con descalificaciones incluso personales, del tipo de que el profesor tiene manía al estudiante o que es un problema de un mal educador, etc. Si por este camino no consiguen nada, o si la demostración de la conducta incorrecta es inapelable, empieza otra serie de argumentos del tipo de «Es que solo es un muchacho». Esto lo mismo sirve para niños de 12 años que para universitarios de un colegio mayor. De golpe se les intenta descargar del peso de una decisión, queriendo mostrarlos aún como frágiles e inconscientes. Y si esto tampoco funciona, es frecuente –sobre todo en centros de inspiración religiosa– el último argumento, ya a la desesperada: «Ustedes son curas, ¿no deberían perdonar?».

¿Dónde está la trampa de todo esto? En que lo educativo no es sobreproteger, sino ayudar a que las personas afronten y comprendan que los actos tienen consecuencias, positivas y a veces negativas. Y que aprendan a procesar y lidiar con dichas consecuencias, incluso cuando estas suponen trastorno o malestar. No ayudamos en nada a los jóvenes rodeándolos de una burbuja protectora. Porque en la vida adulta dicha burbuja no va a estar, y es mejor aprender a ser consecuente en lo pequeño, para serlo también después en lo grande.

Esta desaparición de la responsabilidad, esta sobreprotección y esta forma de sortear situaciones exigentes, al final lo que provoca es que las personas no sepan afrontar ni el error ni el fracaso. Pero ambas experiencias terminan llegando algunas veces en la vida. Para cualquiera resulta más fácil compartir las victorias que las derrotas, el júbilo que la tristeza y el acierto que el error. Pero si uno nunca se ha preparado para afrontar sus sombras, el fracaso es mucho más desconcertante. Y es que, si toda la vida has tenido a alguien a quien culpar por lo que no sale bien, alguien en quien descargar las consecuencias de las equivocaciones y a quien poner de escudo cuando deberías hacerte responsable de tus errores, el momento en que ya no hay nadie sobre quien puedas descargar dicha responsabilidad es un instante muy solitario. Tanto que mucha gente es incapaz de procesar el fracaso como parte del camino y, en lugar de seguir avanzando, se queda atascada, moviéndose en círculo hacia ninguna parte, y lamiéndose las heridas sin ser capaz de salir de un bucle de autocompasión o reproches.

4.4. Fachadas y trastiendas. ¿Por qué a todos les va mejor que a mí?

Otro de los elementos que más zozobra causa a las personas es la aparente maravilla de las vidas ajenas. Parece que a todos los demás les va fenomenal. En esta sociedad, en que nos vemos como en un escaparate, es posible pensar que todo lo que a ti te falta o añoras, sin embargo, está plenamente consolidado y conseguido en muchas vidas que se entrecruzan con la tuya, y que pareces ver desde la distancia con una mezcla de añoranza, nostalgia y hasta envidia.

Quizás es porque hoy en día no tenemos tiempo para conocernos en profundidad –más adelante hablaré de la dificultad para aprender a conversar– y ello nos lleva a formarnos una idea o una opinión de las vidas ajenas más basada en las apariencias que en una verdad compartida. Y demasiado a menudo las apariencias son engañosas por una mezcla de prudencia, pudor y orgullo. Porque las personas no queremos mostrar nuestras oscuridades, las tormentas que nos asolan, las inconsistencias que nos harían parecer más débiles o las batallas de las que hemos salido derrotados.

Tal vez el problema sea la omnipresencia, en escaparates físicos o virtuales, de una felicidad ajena sobreexpuesta. Lo expresa muy bien Gilles Lipovetsky, que lleva décadas describiendo el mundo contemporáneo, cuando afirma: «Por todas partes se anuncian recargadas imágenes de evasión y promesas de placer. En las paredes de las ciudades se exhiben signos de felicidad perfecta y de erotismo liberado. Las representaciones visuales del turismo y de las vacaciones rezuman un aire de felicidad paradisíaca. Publicidad, proliferación de formas de emplear el tiempo libre, animaciones, juegos, modas: todo nuestro mundo cotidiano vibra con cantos a la distracción, a los placeres del cuerpo y los sentidos, a la ligereza de vivir […]. Con el culto al bienestar, a la diversión, a la felicidad aquí y ahora, triunfa un ideal de vida ligero, hedonista y lúdico»[9]. El problema es que la vida real, concreta, la que nos toca afrontar día a día, siendo eso, también es densa, rutinaria y seria. Pero eso no lo vemos tan sobreexpuesto, por lo que puede parecer que a los demás solo les ha tocado la parte de la fiesta.

---

[9] G. LIPOVETSKY, *De la ligereza,* Anagrama, Barcelona 2016, 26.

Quizás sucede, también, que mucho nos llega a través de los perfiles virtuales que cada uno puede crear. Veamos, por ejemplo, lo que ocurre con algunas redes sociales, como Facebook o Instagram. Hay situaciones muy distintas. Hay noticias. Hay humor. Hay crítica. Y hay tragedia, claro que sí, pero la tragedia es normalmente una tragedia mediática, la noticia que atraviesa fronteras y que habla de guerras distantes, de terremotos o huracanes en regiones de las que uno ha oído hablar, pero que ahora resultan otra galaxia; de vidas muy golpeadas por diferentes motivos, y de víctimas que, al final, casi siempre resultan lejanas. De hecho, cuando esa distancia se rompe y lo inesperado golpea a vidas similares a la propia, los ecos se multiplican, precisamente por lo estridente de algo así.

Sin embargo, cuando hablamos de los vínculos personales, lo que más vemos, sobre todo en nuestros contactos cercanos, es la parte más amable de la vida. Pensemos en las imágenes que las personas cuelgan. Vemos, casi siempre, personas risueñas, magníficas, sonrisas brillantes, momentos mágicos compartidos por grupos de amigos, distintas generaciones de una familia, o personas en solitario disfrutando de instantes de paz, de turismo, de descanso, de celebración… Leemos publicaciones sobre logros que la gente comparte y celebra, desde la gratitud y el entusiasmo. Podemos leer, también, comentarios de amigos de esas personas que proclaman a quien quiera enterarse lo mucho que se quieren, lo mucho que significan unos para otros, lo importante que es tenerse en la vida. Asistimos, como espectadores silenciosos, y un poco anónimos, a declaraciones muy íntimas de gente que expresa sentimientos poderosos y profundos sobre otra gente a la que ama. Hijos que señalan que su madre es la mejor del mundo, padres que se muestran orgullosos de ser los mejores confidentes de sus hijos, amigos del colegio que lo siguen siendo por encima de fronteras, años y kilómetros...

Y a veces, sin uno darse cuenta, se va generando la sensación de que todos los demás tienen unas vidas fantásticas. Porque la parte menos brillante, las heridas, los elementos más problemáticos de las relaciones, todo eso no aparece con tanta frecuencia. Porque lo que no exponemos –y seguramente hacemos bien– en esa ventana abierta al mundo son los desvelos, las averías, las relaciones que quizás nos atormentan, los proyectos que se han quedado en el limbo y que se convertirán, con toda probabilidad, en fracaso... No exponemos los miedos, las inseguridades, la fealdad. Cuando colgamos la foto que nos gusta, no exponemos las otras veinte fotos del mismo momento que han salido un poco peor, en las que se ve esa otra imagen menos glamurosa o festiva, en que se notan más las arrugas, la tripa, el paso del tiempo o el cansancio. Todo eso lo desechamos, lo borramos. Y, por supuesto, tampoco fotografiamos todos esos momentos que son mucho más rutinarios, grises o anodinos. Dice un poema de José Martí: «Debes amar el tiempo de los intentos, / debes amar la hora que nunca brilla, / y si no, no pretendas tocar lo cierto». Esa *hora que nunca brilla* es el momento de lo cotidiano. Y aprender a amarlo no es tan solo tolerarlo porque no queda más remedio. No es que la rutina, o las horas más grises, sean un peaje que hay que asumir, o un paréntesis en medio de los momentos de diversión, brillo o plenitud. Es que hay tanto de nuestra vida y de nuestras relaciones que se expresa, se vive y se construye en las horas grises que es necesario aprender a valorarlo.

Imagina un mundo en el que todo lo que uno ve de los otros es amable y digno de celebración. Si no eres muy consciente de que esa es una pintura incompleta, lo que puede ocurrir es que empieces a pensar que las vidas de los otros son mucho mejores; o, dándole la vuelta al argumento, que te has quedado solo en la grisura, en los fracasos, en la renuncia. El sacerdote puede mirar a veces con nostalgia la vida familiar de quien ha elegido casarse, formar una familia y tener hijos. Entonces fantasea con esa estampa de hogar y calidez, con los logros de los hijos celebrados, con la intimidad de una pareja que te espera en casa. Pero ese mismo padre de familia, cuya vida el sacerdote mitifica, puede que diga, a veces en broma, pero otras veces creyéndolo en serio, que qué bien viven los curas, fantaseando con lo que él intuye como independencia, tiempo o tranquilidad económica. Lo que falta en ambos casos es la conciencia de lo que es dificultad en esas otras vidas: los retos de la comunicación en la familia, el baile entre amor y soledad del célibe, las exigencias de una vida en que la agenda ha de tener en cuenta esa familia con la que convives y creces, o la dureza –para el religioso– de estar sometido a un escrutinio de una sociedad anticlerical –por poner algunos ejemplos–. En todas las vidas hay batallas, pero al no exponerlas, a veces terminamos ocultándolas. Y al ocultarlas en exceso, a veces terminamos creyendo que no existen.

Es, como he señalado en algunos otros lugares, la tesis de la ventana de enfrente. Que viene a decir que desde la ventana de enfrente todas las vidas parecen mejores.

Pero entendámonos bien. Esta no es una dinámica burda o simple. No es que uno se pase la vida envidiando lo que otros tienen y lamiéndose las heridas o compadeciéndose por lo que le parece incompleto en la propia historia. Probablemente todos somos más o menos conscientes de que cada persona tiene sus propias batallas y sus desvelos, sus días cálidos, pero también sus noches heladoras. Solo que una cosa es saberlo y otra comprenderlo, a un nivel profundo, cuando mantenemos contacto unos con otros. Porque demasiado a menudo nos relacionamos desde la parte visible, desde lo que unos y otros dejamos ver. Y por eso, nos ciegan los brillos ajenos cuando quizás nos abruman las oscuridades propias.

4.5. Las comunicaciones incompletas. La soledad de las relaciones sin alma

Hace unos años fue bastante popular una película llamada *Crazy, Stupid, Love* (que vendría a ser algo así como «amor loco y estúpido»). Era una comedia interesante y amable sobre las relaciones personales y sobre diferentes maneras de vivir el amor, todas encajadas en varias generaciones de una familia. Uno de los personajes era Jacob Palmer, un ejecutivo joven y seductor que hacía gala de no implicarse en las relaciones de pareja y saltar de una conquista a otra sin que ninguna mujer le dejase huella ni memoria. Hasta que conoce a Hannah, una joven independiente y poco convencional, que le empieza a sorprender por su libertad y también porque no parece impresionada por sus tretas de galán *yuppie* y posmoderno. Cuando, al fin, una noche, ella parece interesarse por él, él la invita a su casa a tomar una copa con la intención de vivir otra noche –como tantas– de pasión olvidable. Sin embargo, a medida que va pasando el rato, Jacob siente algo diferente. Se da cuenta de que esta chica no es como otras. Ella se ríe de sus estrategias de seducción. Él disfruta de verdad estando con ella. No quiere tratarla como a las demás. No quiere que se convierta en una muesca más en su serie de rollos de una noche. Y, al intercambiar pequeñas confidencias sin importancia, como quién compra en la teletienda o qué ropa se usa, se rompe una barrera que Jacob tenía puesta. Y, al fin, en esa primera noche de conversación e intimidad, Jacob le hace a Hannah una propuesta inusual: «Hazme una pregunta personal» –dice a la chica–. Ella, tras pensar brevemente, se lanza: «Háblame de tu madre». Y él, conmovido, empieza a dejar salir memorias, viejas heridas y añoranzas que al fin brotan, como un torrente. Esa noche Jacob se duerme en los brazos de Hannah. Sin sexo[10].

Esa solicitud («Hazme una pregunta personal») se ha convertido para mí desde hace tiempo en un faro, una señal de madurez, una alerta. Vivimos en un mundo donde las relaciones se construyen sobre muchas dinámicas, salvo, quizás, la que más puede ayudar a salvar la distancia entre las personas. Nos relacionamos desde el interés, el trabajo, la diversión, la atracción, el ocio, el deseo, la necesidad, la rutina… pero ¿dónde hay lugar para lo más personal, lo más íntimo? Esa dimensión, que en algunas relaciones era insustituible, se ha convertido ahora en

---

[10] S. Carell y D. Di Novi (productores) y G. Ficarra y J. Requa (directores), *Crazy, Stupid, Love*, Estados Unidos: Carousel Productions (2011), http://bit.ly/2eRxXo4.

algo mucho más arduo y que, si llega, lo hace al final del camino, no en sus primeros estadios. Hoy muchas personas, por ejemplo, eligen desvincular totalmente el sexo de la intimidad personal. Se convierte entonces en un intercambio placentero, impersonal, que no busca formar parte de una historia. Si llega, el amor llegará mucho después, y la confidencia, la comunicación, las preguntas personales, quedan en un punto muy distante del camino.

Hoy se pueden encontrar redes sociales que te permiten establecer todo tipo de vínculos sin encuentro. En muchos casos parece que no hay tiempo ni casi necesidad de conocerse. Parece que la opción más cómoda es la de disfrutar de las ventajas de la cercanía, pero sin tener que asumir sus exigencias.

La experiencia comunicativa asociada a las relaciones se ha fragmentado. Como en un supermercado moderno, donde hay infinita variedad de los mismos productos, con todo tipo de matices, también hoy se nos ofrece la posibilidad de elegir. ¿Amor sin historia? En el pasillo del medio. ¿Sexo sin nombre? Junto a las margarinas ligeras en grasa. ¿Encuentros sin confidencia? En la sección de ofertas. ¿Gente que comparta mis aficiones, pero luego no me dé mucha lata? En la zona de ocio y tiempo libre, junto a maquillaje ecológico. ¿Relaciones para siempre? Lo siento, están descatalogadas.

Y a veces todo esto ocurre sin ni siquiera darnos cuenta. No es una decisión consciente. No es que elijas renunciar a la palabra, la confianza o el encuentro profundo. De hecho, es posible que lo añores, que te digas que ya te gustaría llegar a encontrarlo. Es solo que se va volviendo tan difícil y hay por el camino tantas ofertas de algo distinto que la tentación de conformarse con sucedáneos es cada vez mayor.

El problema es que este sexo sin vínculo, este intercambio sin encuentro, no alivia a las personas de la soledad. Lo expresa muy bien Vargas Llosa cuando señala que «El sexo *light* es el sexo sin amor y sin imaginación, el sexo puramente instintivo y animal. Desfoga una necesidad biológica pero no enriquece la vida sensible ni emocional ni estrecha la relación de pareja más allá del entrevero carnal; en vez de liberar al hombre o a la mujer de la soledad, pasado el acto perentorio y fugaz del amor físico, los devuelve a ella con una sensación de fracaso y frustración»[11].

Aquí hay una buena noticia. El anhelo de comunión y encuentro sigue ahí. La nostalgia de algo que vaya un poco más allá, de una intimidad habitada, de una cercanía en la que haya verdadera amistad, amor o pertenencia no ha desaparecido. La duración de una relación sigue siendo un empeño por el que estaríamos dispuestos a apostar. Incluso cuando alguien parece rendirse, o conformarse con lo que aquí hemos llamado comunicaciones incompletas, lo hace manteniendo la añoranza de encontrar vínculos que desborden esa fugacidad. La esperanza de que haya «otros significativos» en la propia vida es fácil de reconocer en cuanto uno se mira un poco por dentro. Quizás porque somos, en esencia, seres abiertos al encuentro y a la comunión.

Probablemente lo más complejo es encontrar el tiempo de calidad para ir construyendo relaciones sólidas. Tiempo que nos permita aproximarnos, conocernos, ir tanteando quién es el otro e ir abriendo parcelas de la

---

[11] M. VARGAS LLOSA, *La civilización del espectáculo*, Alfaguara, Madrid 2012, 53.

propia tierra para darnos a conocer. Uno de los aprendizajes más complejos hoy en día es el de la conversación profunda. No es fácil. Lo que nos lleva a un segundo bloque de motivos, los motivos de esta sociedad de la comunicación que, prometiendo unirnos, sin embargo, corre el peligro de aislarnos más.

5

Algunos motivos mediáticos. La sociedad de la (in)comunicación

Vaya por delante, antes de desglosar algunos rasgos de esta sociedad más vinculados a la proliferación de medios de comunicación y redes sociales, que no pretendo ni demonizar ni atacar las nuevas tecnologías (en realidad, ya no tan nuevas); que no es mi intención decir que sean un foco de problemas o dificultades; y que tampoco quisiera que la conclusión de quien lea las siguientes páginas sea que antes se vivía mejor, la gente se comunicaba más o la sociedad era un lugar de relaciones más auténticas.

Creo que este mundo de la información nos ofrece herramientas. Y las herramientas en sí no son ni un problema ni una bendición, sino una oportunidad. Lo que tenemos que hacer es aprender a utilizarlas, y también a detectar las dinámicas tramposas en las que nos pueden sumir. Como en este apartado estoy hablando de la soledad y de los motivos para la incomunicación en la sociedad contemporánea, el análisis va a incidir más en estos aspectos problemáticos, pero repito e insisto en que hoy ya no podemos imaginar –en muchos contextos y espacios de la vida– un mundo desconectado, de la misma manera que no anhelamos un mundo anterior al fuego, a la imprenta, a la electricidad o al automóvil.

Una vez hecha esta puntualización, veamos algunas dinámicas que sí pueden contribuir, en esta sociedad hiperconectada, a hacer que las personas se sientan más solas.

5.1. ¿Por qué ya no hablamos como antes?

El título de este apartado parece propio de una pareja nostálgica, que, mirándose con incomodidad, tras muchos años de vida en común, lamenta la pérdida de comunicación y añora tiempos de jovialidad y palabras compartidas. En realidad, no me voy a referir tanto a esta nostalgia por un antes en una relación, aunque pueda darse. Quiero aludir aquí a una dinámica más social, como es la pérdida de la capacidad de conversar. Uno diría que cada vez nos resulta más difícil conversar y esto, en parte, es porque no disponemos de tiempo para dedicarnos unos a otros, y la conversación requiere un aprendizaje.

Las redes sociales y la comunicación digital son algo relativamente reciente, pero otros medios de comunicación tampoco tienen mucho más recorrido. Después de todo, las primeras emisiones de televisión apenas se remontan a ochenta años atrás. Resulta difícil ahora imaginar hogares silenciosos, en los que no haya algún tipo de ventana virtual o mediática constantemente abierta al mundo. Y, sin embargo, hasta no hace mucho esa era la realidad de muchas horas del día en todo el mundo. La gente conversaría más, porque tenía tiempo para ello, y ese tiempo no lo quería ni lo podía llenar con otras cosas.

Quizás con más lectura y más silencio, pero también –y probablemente– con más conversación.

La conversación es un arte y requiere un aprendizaje. Creo que no es algo tan neutro que se aprenda con solo seguir unas reglas. Conversar depende de muchos rasgos: del carácter, del contexto, de la cultura. Hay pueblos más sobrios y otros más dicharacheros; hay personas más reservadas y otras más locuaces; hay quien habla por los codos y quien del monosílabo hace un arte. También los contenidos varían, y una conversación puede ser banal o trascendente, efímera o memorable, impersonal o íntima. Todo esto es cierto. Pero, dicho esto, hay que preguntarse si no tendremos demasiado poco tiempo para la conversación tranquila y profunda. Esa conversación en la que lentamente caen barreras, en la que lo cotidiano da paso a la confianza, y la confianza a la confidencia. Esto no se improvisa, ni se consigue nada más conocer a una persona. La intimidad requiere tiempo. A veces incluso requiere aburrimiento, familiaridad, rutinas que van sirviendo para establecer dinámicas compartidas. Es como una lenta maniobra de aproximación en la que dos (o más) interlocutores se van conociendo, tanteando, acercando y explorando hasta que, al fin, caídas las barreras, se permiten asomarse a la otra persona.

Tal vez mitifico un poco la conversación, pero ¿no existe algo así? La tesis que me atrevo a aventurar aquí es que, aunque exista, es escasa, más que en otros momentos, y eso tiene que ver con la multiplicación de los medios de comunicación en nuestra vida cotidiana. Por varias cuestiones.

Por una parte, ya he apuntado la omnipresencia de medios que evitan el vacío, el silencio y la necesidad de llenarlo de alguna manera. Hoy en día la gente ya no necesita conversar al hacer cola en ningún sitio, pues el móvil se convierte en fuente de ocupación y entretenimiento. ¿Quién no ha visto alguna vez, al levantar la cabeza en el andén de una estación, cómo decenas de pasajeros –incluido uno mismo– esperan, ajenos a quien tienen al lado, tecleando con fruición en la pantalla de su celular? Tampoco en los hogares es imprescindible la conversación. Demasiadas veces se come con la televisión encendida, se vive rápido, y personas que viven juntas navegan separadas.

Por otra parte, los medios de comunicación y las redes nos proporcionan sin cesar temas de los que hablar. Esto podría parecer contradictorio con lo que acabo de señalar. Si tenemos temas de los que hablar, entonces es que hablamos, ¿no? Por supuesto que tenemos temas. La cuestión es si estos asuntos sobre los que charlamos ayudan a llenar los pozos más profundos del afecto y la implicación. Vivimos y nos relacionamos a base de *trending topic* (lo que se convierte en el asunto del día, o de la hora). Y así, en función de la actualidad, podemos pasar horas comentando lo que opinamos de Trump, de los misiles coreanos, del escándalo político del día, del último atentado que ha dejado estremecida a una ciudad, del partido de la jornada o de la última declaración cargada de polémica de algún personaje público. Hablamos de eso, sí, y repetimos argumentos. Nos hacemos eco de lo escuchado en tertulias, lo leído en columnas o lo vociferado en las redes sociales; incluso puede ser que tengamos una opinión propia que lleguemos a formular, pero eso no entra casi nunca en el terreno de la conversación personal que refuerza los vínculos, desnuda las fragilidades, y crea puentes entre las personas. Y justo esa conversación que se adentra en los anhelos y las sombras, en los miedos y los deseos, en la fe y la duda, es la que entra en ese mundo pantanoso de las soledades y los encuentros.

Añadamos un elemento más. Hoy se conversa más a distancia que cara a cara. Los chats, el WhatsApp especialmente, han invadido la vida cotidiana. Y tienen sus ritmos propios. Una mezcla de inmediatez, abreviatura y brevedad que va limitando la interacción. Por más emoticones que inventemos, ¿cómo van a conseguir reproducir las sutilezas del lenguaje a la hora de expresar las emociones? Cuando conversamos cara a cara –o cuando nos escribimos cartas– puede haber innumerables maneras de expresar alegría, temor, tristeza, revancha, dolor, vergüenza, pudor, hastío o tantos estados de ánimo con los que nos toca lidiar. Además, en persona hablan nuestras palabras, pero también el gesto, los ojos, las manos, el rubor, la respiración, las ojeras o la sonrisa. Y, sin embargo, en demasiadas ocasiones, ahora, vía móvil, nos tenemos que conformar con una carita sonriente, una carita con lágrima, una carita con el ceño fruncido, una mano con el pulgar hacia arriba o la flamenca bailaora. Perdemos lenguaje, sutileza, matiz. Y perdemos también el vértigo y la emoción que da la comunicación cara a cara. Hay personas que se reprochan las cosas en un grupo de WhatsApp, pero luego cuando se encuentran en persona no son capaces de decirse lo que ocurre. Cada vez hay en nuestro mundo menos «te quiero» pronunciados en persona y más TQM enviados a través de un ciberespacio sin presencia ni pasión.

5.2. La comunicación como batalla

Otra de las dinámicas que se ha instalado en buena parte de nuestra sociedad contemporánea es la polarización como forma de estar en el mundo. Todo va por bandos, por extremos, por alineaciones. El mundo se divide entre los que piensan como uno y los que no. No hay términos medios. Los defensores de los extremismos van enarbolando nuevos conceptos con los que descalificar a todo aquel que se resista a entrar en la batalla. Entonces, se acusa a quien no se lanza a degüello contra el otro de ser tibio, de ser equidistante, de ser *buenista*, de ser demagogo, de no mojarse… Cualquier cosa que permita anular los argumentos del disidente, hacer apología de la propia ortodoxia y jamás dudar de las propias certidumbres. Esto ocurre en la política, en el deporte, en la mirada a nuestra sociedad... Ocurre, por supuesto, también con la religión. Todo es susceptible de convertirse en trinchera.

Mucha gente entiende por diálogo, debate. Y por debate, combate. Algo así como un torneo en el que hay que enfrentar a los rivales entre sí para que se destrocen, hasta que solo quede uno. No se busca argumentar, matizar, mucho menos adentrarse en las razones ajenas. No se busca comprender. Y por supuesto, no se aspira a cambiar en nada. Se busca apisonar, reforzar las propias convicciones y, si es posible, descalificar por el camino a quien piensa de un modo diferente. El insulto, la burla despiadada, el mote sarcástico, todo ello está a la orden del día.

¿Por qué esto genera soledad? Porque esta dinámica que se ha impuesto, y que se extiende con dolorosa tenacidad, deja huérfanos a quienes se resisten a entrar en el enfrentamiento.

El primer libro que publiqué fue *En tierra de nadie*[12]. En él describía cómo percibía yo entonces la Iglesia. Un triángulo marcado por tres vértices extremos, donde se posicionaban los militantes de una fe inmóvil, los activistas de una fe política y los antieclesiales de todo cuño. Procuraba describir las posturas contundentes y tajantes que, en los tres vértices, servían para aglutinar a los que pensaban como uno y para descalificar al resto. Pero después me atreví a alzar la voz por quien se encontraba en algún punto en el centro de ese triángulo, los que estaban en tierra de nadie. Gente que no lo tenía todo claro, que en algunos aspectos se sentía más apegada a la tradición, en otros más necesitada de cambio, y en otros más distante de lo eclesial. Gente que no es que eligiera una religión a la carta, sino que, fiel a su formación y su conciencia, no se podía –ni se quería– identificar con ninguno de los extremos.

Mi experiencia, con el paso de los años, es que hay muchas *tierras de nadie*. No solo en la Iglesia, sino en la política, en la cultura, en la manera de comprender los problemas que afronta nuestro mundo... La tierra de nadie es en realidad la tierra de muchos. Aún diría más, es la tierra de una mayoría silenciosa. Y hay muchas personas que, en esa tierra de nadie, creen estar solas porque no oyen opiniones que reflejen su inseguridad, su confusión o su matiz.

¿Por qué no se oyen estas opiniones más cautelosas, más matizadas, más complejas? Porque nuestro mundo da altavoces a los extremistas y a los estridentes. La

---

[12] J. M. Rodríguez Olaizola, *En tierra de nadie*, Sal Terrae, Santander 2006.

dinámica de las redes sociales, con su doble imperativo de impacto y brevedad, exige contundencia y escándalo. Los que más ruido generan no son los amigos del matiz y la delicadeza, sino los provocadores, que saben dar siempre con un titular contundente, con una acusación hiriente o con una afirmación impactante. Las redes, además, permiten una sensación de impunidad y anonimato. A veces porque el anonimato es real y las personas ocultan sus afirmaciones tras identidades genéricas, rostros falsos o avatares fantásticos. Pero incluso aunque no se dé la coartada del anonimato, en muchos casos se produce una extraña inconsciencia, que lleva a que gente que en persona sería más razonable y matizaría mucho más sus afirmaciones, en el contexto de las redes pierda la prudencia y el pudor, y haga declaraciones mucho más estridentes.

Las redes están colonizadas por los bárbaros. Se jalean unos a otros. Se aman y se odian. Se conocen. Se persiguen. No son muchos, pero son muy ruidosos. Y la gran mayoría, silenciosa y amable, se siente sola, porque no se da cuenta de que quienes hacen más ruido y levantan más muros son una minoría exaltada e histriónica. Y no se da cuenta de que el mundo no es ese espacio tan hostil y despiadado donde los dispensadores de veredictos de todo tipo andan siempre repartiendo salvoconductos y anatemas.

5.3. 5.000 amigos

Hubo una época en que, con cierta ingenuidad esperanzada, cantaba Roberto Carlos aquello de «Yo quiero tener un millón de amigos». Eso de un millón era a todas luces una hipérbole, una exageración inalcanzable, pero muy gráfica. Porque no es posible tener un millón de amigos. ¿O sí?

Eso fue antes de que Mark Zuckerberg echara a andar *Facebook* y empezara a permitir vínculos entre personas distantes, desconocidas, que pasaron a compartir gustos, historias, imágenes y relatos. Para evitar la multiplicación de vínculos hasta el infinito, en esta red social optaron porque los perfiles particulares (otra cosa son las páginas oficiales de los personajes populares) solo pudieran tener un máximo de 5.000 amigos. No está mal la cosa, y aunque se queda un poco lejos de la cifra mítica del cantante brasileño, ¿quién no estaría satisfecho con una cantidad tan grande de amigos? Se puede decir que quien los tiene es popular, ¿no?

La realidad es que el concepto «amigos» aplicado a las redes es, cuando menos, un poco exagerado, si no engañoso. Y esta es otra de las pequeñas insatisfacciones contemporáneas. Que, a falta de otros vínculos, muchas personas se terminan refugiando en redes tejidas con vínculos mucho más delgados, volátiles y efímeros, surgidos, alimentados y restringidos a las propias redes. Vínculos que se generan a golpe de un solo clic en el teclado y que se pueden terminar con idéntico gesto. Vínculos construidos tan solo desde lo que uno quiere revelar. Relaciones que en realidad se viven a distancia, restringidas a lo que uno quiera volcar de sí en las redes y circunscritas a temas o intereses comunes.

Por supuesto, cabe otro tipo de relaciones virtuales. De hecho, muchas personas hoy inician o viven relaciones ricas y profundas a través de las plataformas digitales.

Pero también es verdad que, en muchos casos, las redes permiten enmascarar vacíos, encubrir silencios y entretener ausencias.

Hace un par de años saltó una noticia a la prensa española. José Ángel, un hombre de Vigo, una ciudad del norte de España, falleció en radical soledad. Vivía rodeado de basura, víctima de un síndrome de Diógenes que lo había llevado a irse aislando de familiares, vecinos y conocidos. Durante más de una semana nadie lo echó de menos ni advirtió su muerte. Desgraciadamente, esto es algo que ocurre con más frecuencia de la que sería deseable. Tanto que ya apenas es noticia, como lo era en otros tiempos. Lo que se volvió especial en este caso, y llevó la noticia a los periódicos, es que al investigar quién era el fallecido se descubrió que, en contraste con esa vida sombría y aislada que tenía en su pueblo, llevaba una vida activa y popular en Facebook, donde en el momento de su fallecimiento contaba con 3.544 amigos y 361 seguidores. En la red, este hombre contaba pocos datos sobre su propia vida, pero publicaba opiniones y noticias al hilo de la actualidad, se preocupaba del medio ambiente, se posicionaba sobre asuntos del campo, de la actualidad de España o de la vida... Lo sorprendente era ese contraste entre la vida virtual y la vida real; entre los muchos amigos virtuales y la soledad cercana. Solo pasados varios días, una mujer de Tenerife, con la que hablaba con frecuencia en las redes, extrañada por su persistente silencio, contactó con la policía, que no mucho después encontró su cuerpo. Una mujer que estaba a 1.677 kilómetros de distancia por mar fue la única que lo echó de menos. Una única persona entre esas tres mil quinientas cuarenta y cuatro notó su ausencia tanto como para preocuparse y dar un paso más para tratar de localizarlo. He ahí el límite de este mundo virtual, que se puede convertir en refugio de solitarios.

Lo ha expresado con implacable acierto Zygmunt Bauman cuando, hablando de la fragilidad de los vínculos humanos, señala: «Pareciera ser que el logro fundamental de la proximidad virtual es haber diferenciado a las comunicaciones de las relaciones. […] "Estar conectado" es más económico que "estar relacionado" pero también bastante menos provechoso en la construcción de vínculos y su conservación»[13].

5.4. A la caza del «like»

Una de las series televisivas más inquietantes de los últimos años es *Black Mirror*. Se trata de una reflexión sobre la tecnología y sus posibilidades. O, más que posibilidades, sobre sus peligros. La serie no está planteada como ciencia ficción futurista y amigable, sino más bien como distopía, es decir, miradas a un mundo terrible que tiene demasiadas similitudes con el nuestro como para desecharlo de un manotazo. Cada capítulo cuenta una historia diferente en la que se llevan al extremo aspectos más o menos presentes en el mundo de la comunicación contemporánea: la volatilidad de la opinión pública, la existencia de artilugios cada vez más sofisticados y minúsculos que podrían llegar a grabar todo lo que hacemos, los chantajes digitales, la conversión en espectáculo televisivo de cualquier faceta de la vida…

---

[13] Z. BAUMAN, *Amor líquido*, Fondo de Cultura Económica, México 2003, 88.

El primer capítulo de la tercera temporada se titula *Caída en picado* y su planteamiento suena desgraciadamente familiar. El mundo se ha convertido en un lugar regido por el grado de popularidad de las personas en las redes sociales, y según la valoración que las personas reciban son incluidas en distintos contextos o excluidas de ellos. La protagonista vive desesperada por gustar, y toda su conducta está condicionada por ese imperativo.

Como punto de partida, aunque sea llevado al extremo, no está demasiado lejos de algunas dinámicas que hoy en día se cuelan en determinados contextos virtuales: la búsqueda de seguidores, la presión por tener *likes* en las publicaciones, fotografías o contenidos que las personas cuelgan. Y, a la inversa, la proliferación de *haters*, como se llama a aquellos que convierten las redes en algo más parecido a un *ring* de boxeo que a un espacio de diálogo e intercambio. Todo esto está a la orden del día. La presión por gustar y el pánico ante el rechazo condicionan a muchas personas.

Veamos tres ejemplos. Hace unos meses el cantante Ed Sheeran, uno de los artistas de más éxito de los últimos años, anunció que abandonaba la red social Twitter, confesando no poder procesar la cantidad de comentarios negativos que recibía por parte de gente que, sin conocerlo, lo odiaba. «Un solo comentario basta para arruinarte el día» –confesaba en una entrevista–. Llama la atención esa confesión en alguien que, durante 2017, batió récords de reproducciones en la plataforma musical «Spotify» –la cual señalaba que en marzo era el artista más escuchado del mundo– y se convirtió en número 1 en 41 países. Sin embargo, el bombardeo virtual podía con él. La presión del amor-odio en las redes es demasiado exigente para muchos. Incluso para quien es mayoritariamente aceptado.

En el otro extremo, en noviembre de 2015 la modelo Essena O'Neill, que se había hecho famosa gracias a sus fotografías en Instagram y que contaba con cientos de miles de seguidores (y suculentos contratos publicitarios gracias a ello), anunció que abandonaba la red. En este caso no era por sufrir rechazo, sino por el exceso de aceptación. Llevaba demasiado tiempo haciendo todo para gustar, preparando las fotos, estudiando cada imagen, obsesionada con ir superando cada vez sus propios registros en la red de fotografías. Cuando decidió abandonar, la modelo argumentó que se había dado cuenta de que ese escaparate no era la vida real, sino tan solo una ficción en la que todo está orientado a ganar aprobación. El precio –llegaba a decir– es tu vida y tu autoestima.

El 20 de septiembre de 2017 una conocida *influencer* –así se llama ahora a quien, gracias a su relevancia en las redes sociales, llega a alcanzar con sus opiniones, imágenes o actividad a una gran cantidad de gente– se suicidó. Se llamaba Celia Fuentes. ¿Cómo podía ser que alguien popular, joven, con una vida aparentemente perfecta, se quitase la vida? La sorpresa inicial por una noticia así dio paso a algunos reportajes donde se desvelaba la verdadera naturaleza de esa presencia en las redes: la ficción de una vida ideal, mientras en la vida real había soledad y sensación de fracaso; la presión por gustar, por incrementar el atractivo virtual, con su contrapartida de inseguridad y rechazo por todo lo que pueda ser imperfecto; la soledad de una vida construida tan solo para aparentar. «Todo es mentira» fue lo último que escribió en su WhatsApp la joven.

Hay infinidad de historias como estas. No se trata de convertirlas en ley, generalizando absolutamente a partir de lo que estas personas viven. Pero no cabe duda de que esta constante tensión entre halagos y rechazo, entre aprobación e insulto, entre seguimiento e indiferencia, esconde una dinámica en la que gustar se convierte en un imperativo. Y tener que estar buscando aprobación siempre, incluso de la gente a la que realmente no conoces, es una trampa infalible hacia una soledad radical.

Esa presión por gustar es muy peligrosa. Y no es que todos queramos ser *influencers* en nuestro mundo. Es que también se puede convertir en una obsesión en el espacio más cotidiano en que uno despliega vida y actividad. La necesidad de aprobación y refuerzo constante puede terminar convirtiéndose en una cadena. Porque al final no es tan solo una imagen o un comentario lo que parece digno de aplauso o adhesión. Parece que con un «Me gusta» lo que está siendo evaluado es uno mismo. Es fácil cruzar la línea que lleva a pensar que lo que gusta o no gusta eres tú.

En el capítulo ya mencionado de *Black Mirror*, solo cuando la protagonista, harta y exhausta, rompe por fin con las expectativas virtuales, logra mantener, por primera vez en mucho tiempo, una conversación personal con otro hombre que está en su misma situación y consigue reír.

6

Algunos motivos existenciales. Tres grandes heridas contemporáneas

Fue Miguel Hernández quien señaló tres heridas que todos tenemos que sufrir en algún momento: la de la vida, la del amor y la de la muerte. Vida que nos zarandea. Amor que nos descoloca. Muerte que nos aturde cuando se vive en otros y que es enigma para cuando nos llegue el momento. Parafraseando al poeta, me gustaría proponer tres grandes heridas del mundo contemporáneo, con una ligera variación sobre lo que aquel planteaba. Me gustaría señalar que las tres grandes heridas que nos abocan, a veces, a la incertidumbre y la inquietud son la del amor, la de la muerte y la de la fe.

6.1. La herida del amor. Deshojando la margarita

¡Qué gráfica aquella imagen de alguien arrancando los pétalos de una flor mientras suspira, preguntándose si acaso será correspondido! Hoy vivimos en un mundo donde la inseguridad en el amor es una de las mayores zozobras de muchas personas. La prueba es que este es un tema a propósito del cual se escribe y se reflexiona sin cesar. Porque el terreno común sobre el que construir las relaciones es cada vez menos común. No terminamos de ponernos de acuerdo en qué entender por amor, y eso hace muy complejo recorrer ese camino de la mano. Cada vez hay menos suelo firme en el que poder poner los cimientos de historias compartidas. ¿Quién puede decir hoy «para siempre» y, sobre todo, quién puede confiar en que el para siempre que otro le dice no sea en realidad un «mientras dure» o «mientras me convenga» camuflado?

Hace algún tiempo, uno de los periódicos de mayor tirada en España publicó un artículo sobre las relaciones de pareja con un título provocativo: «¿50 años compartiendo cama con la misma persona? ¿En serio?»[14]. En dicho artículo se señalaba que el concepto de pareja y de familia ha cambiado. Hoy pesa más el «hasta que acabemos de disfrutarnos» que «hasta la muerte» –decía– y por ello se opta por una mirada más pragmática, y quizás más escéptica. El comienzo del artículo es toda una afirmación de volatilidad en el amor:

> «En las últimas décadas, el "hasta que la muerte nos separe" ha pasado de ser un romántico deseo a una especie de sentencia a cadena perpetua capaz de desalentar al novio o la novia más enamorado. Lo que antes eran 20 o 30 años de matrimonio, con el aumento de la esperanza de vida (ahora de 80,1 años en los hombres y 85,6 en las mujeres, según el INE), podrían convertirse en 50. En la actualidad, los matrimonios duran en España una media de 16 años; un dato que revela que pocas parejas celebrarán las bodas de plata (mucho menos de oro), como sí hicieron la mayoría de nuestros padres. Y como nos

---

[14] *El País*, 12 de marzo de 2017.

casamos rondando la treintena (a los 33,2 años, según la misma institución), antes de convertirnos en octogenarios aún tendremos la oportunidad de disfrutar de dos o tres matrimonios más».

¿Por qué hablo de «herida del amor»? ¿Es que acaso elijo ver el vaso medio vacío? ¿No se podría pensar que esa flexibilidad es, en realidad, una forma de liberación, que aleja a la gente de rigideces e inercias?

La trampa de ese disfrute cíclico que describe el artículo es que se trata de un amor de ciclo corto, que no aprende ni crece, en lugar de un amor histórico que aprende a avanzar creciendo en momentos de alegría y madurando también a través de la dificultad. El amor de ciclo corto quizá sea más fácil, pero probablemente también es mucho más volátil. Y claro, no estamos hablando de cambiar de pantalones o de móvil, sino de cómo construir relaciones que se puedan convertir en refugio y piedra angular en la vida.

Kristy Wilkinson, una joven bloguera norteamericana, publicó en 2016 un artículo describiendo a su generación. El artículo, que tuvo amplia difusión y fue reproducido en medios de comunicación de todo el mundo, se titula *La gente de la segunda oportunidad* y es un retrato –un tanto tremendista, todo hay que decirlo– de una generación que quiere la fachada de una relación, pero no el esfuerzo de cuidarla. Varios párrafos sintetizan muy bien lo que la autora señala y lo que aquí estamos llamando «la herida del amor»:

> «Queremos la fachada de una relación, pero no queremos el esfuerzo que implica tenerla. Queremos cogernos de las manos, pero no mantener contacto visual; queremos coquetear, pero no tener conversaciones serias; queremos

promesas, pero no compromiso real; queremos celebrar aniversarios, pero sin los 365 días de esfuerzo que implican. Queremos un felices para siempre, pero no queremos esforzarnos aquí y ahora. Queremos tener relaciones profundas, pero sin ir muy en serio. Queremos un amor de campeonato, pero no estamos dispuestos a entrenar.

Queremos alguien que nos dé la mano, pero no queremos darle a alguien el poder para hacernos daño. Queremos oír frases cutres de ligoteo, pero no queremos que nos conquisten... porque eso implica que nos pueden dejar. Queremos que nos barran los pies, pero, al mismo tiempo, seguir siendo independientes y vivir con seguridad y a nuestro aire. Queremos seguir persiguiendo a la idea del amor, pero no queremos caer en ella.

No queremos relaciones: queremos amigos con derecho a roce, "mantita y peli" y fotos sin ropa por Snapchat. Queremos todo aquello que nos haga vivir la ilusión de que tenemos una relación, pero sin tener una relación de verdad. Queremos todas las recompensas sin asumir ningún riesgo, queremos todos los beneficios sin ningún coste. Queremos sentir que conectamos con alguien lo suficiente, pero no demasiado. Queremos comprometernos un poco, pero no al cien por cien. Nos lo tomamos con calma: vamos viendo a dónde van las cosas, no nos gusta poner etiquetas, simplemente salimos con alguien.

Cuando parece que la cosa empieza a ir en serio, huimos. Nos escondemos. Nos vamos. Hay muchos peces en el mar. Siempre hay más oportunidades de encontrar el amor. Pero hay muy pocas de mantenerlo hoy en día...»[15].

---

[15] *Huffington Post*, 17 de mayo de 2016, http://bit.ly/1W1cO8i.

La incertidumbre, lo imprevisible, el vínculo sin renuncia, el compromiso con fácil disolución, el poliamor que hoy tantos jalean y defienden, todo ello puede ser una promesa de libertad; pero también trae aparejado el miedo a perder lo que se tiene, un temor que atormenta a muchas personas, que, aun estando seguras sobre su capacidad de amar, sin embargo, se pueden sentir más inseguras sobre su capacidad para ser amadas. Vacilaciones, miedos, complejos conspiran contra uno y lo hieren, lo atormentan y lo llevan a preguntarse por lo que vale y lo que es. El futuro, entonces, se mira con una mezcla de amenaza y desconsuelo.

Dice Bauman, en su libro ya citado sobre el «amor líquido», que la constancia del cambio se extiende también a las relaciones: «Autos, computadoras o teléfonos celulares perfectamente usables y que funcionan relativamente bien van a engrosar la pila de desechos con pocos o ningún escrúpulo en el momento en que sus "versiones nuevas y mejoradas" aparecen en el mercado y se convierten en comidilla de todo el mundo. ¿Acaso hay una razón para que las relaciones de pareja sean una excepción a la regla?»[16].

Otro gran pensador al que ya hemos citado hablando de la tentación de la inocencia, Pascal Bruckner, describe la herida del amor en este mundo contemporáneo como el exceso del sentimiento, que hace que, cuando ya no hay sentimiento, no quede nada. «Vivimos en una época hipersentimental y hoy las parejas mueren por lo que colocan bajo la jurisdicción de un dios cruel y sentimental, el amor. No es solamente el capricho o el

---

[16] Z. BAUMAN, *Amor líquido*, 29.

egoísmo lo que mata las uniones, es la búsqueda de una pasión permanente como cimiento de la unión. Es una intransigencia loca de esos amantes o cónyuges que no quieren ningún compromiso: o el fervor o la huida, nada de medias tintas»[17]. Es evidente que el dios amor del que habla el filósofo francés no es el cristiano, sino un ídolo de fuego, atrapado en las redes de un sentimiento exigente e insaciable.

Es interesante la idea de las heridas que hoy se viven en las relaciones, y en especial en la relación de pareja. El papa Francisco, en *Amoris laetitia*, ha expuesto algunas de dichas heridas[18]. A lo largo de las páginas de esta encíclica, el papa habla de diferentes heridas del amor, como son la confusión del compromiso con una atadura, la dificultad para el encuentro (para la conversación y el silencio), la cultura de lo provisorio, la indecisión e inmadurez afectivo-sexual, la falta de tiempo para el diálogo y la escucha del otro, la paternidad/maternidad egoísta (o negada), las expectativas demasiado altas que se ven defraudadas en el encuentro, el amor egoísta y, cómo no, citando al Sínodo de la Familia, la soledad que se teme: «… una de las mayores pobrezas de la cultura actual es la soledad, fruto de la ausencia de Dios en la vida de las personas y de la fragilidad de las relaciones»[19].

Todas ellas son heridas de un amor vulnerable, voluble y efímero, que en algunos casos se ha convertido en una

---

[17] P. BRUCKNER, *La paradoja del amor*, Tusquets, Barcelona 2011, 95.

[18] PAPA FRANCISCO, exhortación apostólica postsinodal *Amoris laetitia*, 2016.

[19] *Relatio Synodi* 2014, 6.

caricatura del romanticismo, en otra forma de egoísmo que necesita contraparte, o en un sucedáneo de aquel amor sólido que tan maravillosamente describió san Pablo en la primera carta a los Corintios.

6.2. La herida de la muerte. No hablemos de eso

Es paradójico el que la muerte se vaya convirtiendo, en nuestro mundo occidental, en un tema que se intenta tratar con asepsia, silenciar todo lo posible y eliminar de la foto. La paradoja radica en que la muerte, tan oculta, es casi la única certeza que todos compartimos sobre nuestra vida. Pese a algunos científicos, que de vez en cuando alardean de estar a punto de dar con la fórmula para torcerle la mano a nuestra finitud y presumen de rejuvenecimientos imparables, o hablan, con expresiones sonoras, de darle la vuelta al reloj biológico, en este momento lo que parece incuestionable es nuestra mortalidad. Es más, por no tener, no tenemos ninguna garantía de ir a vivir un año, una década o un tiempo determinado a partir de ahora.

Funcionamos con expectativas, entendemos –según contextos– que lo normal es fallecer a partir de determinada edad, asumimos que la medicina va consiguiendo plantar cara a muchas enfermedades, y en consecuencia se alargan las expectativas de vida... pero nada de eso puede ocultar el hecho final, el paso último, ese momento que a todos nos iguala.

Y, sin embargo, nuestras sociedades llevan décadas perdiendo de vista la muerte. Por muchos motivos.

La disminución de la mortalidad infantil (y juvenil) alejó del horizonte la idea de una muerte omnipresente, para vincularla mucho más con la ancianidad y el final de un largo ciclo.

La generalización de la asistencia sanitaria y los ingresos hospitalarios alejaron del horizonte doméstico la defunción, que ya no se da casi nunca en el hogar, sino en la impersonal habitación de un hospital que no tendrás que volver a pisar una vez pasado el amargo trago de ver fallecer a un ser querido.

La conversión de las exequias y despedidas en un servicio cálidamente comercializado por tanatorios y empresas de pompas fúnebres alejó también el duelo de nuestros lugares habituales de vida y residencia. ¿Alguien se imagina hoy velar un cadáver en la sala de estar de la vivienda familiar? Inmediatamente algún pariente o amigo, preocupado, advertiría de lo inapropiado de dejar que ese lugar se asocie después a memorias dolorosas.

El excesivo cuidado y una equivocada idea de la protección de los más pequeños lleva, en muchos casos, a mantenerlos alejados de tanatorios y funerales de parientes y conocidos, asumiendo que es mejor que alguien los lleve a jugar.

Por último, el lenguaje aporta también su manto para convertir la muerte en «partida», «viaje», en un vago «irse» que parece no querer preguntarse a dónde. Y así, cuando alguien muere, vemos publicaciones diciendo «Hoy se nos ha ido fulanito...», «Ya no está con nosotros» y otras expresiones de ese tipo. Que, aunque todos comprendemos, sin embargo, nos permiten de algún modo mirar menos al abismo de la muerte.

¿Cuál es el problema? ¿No es esto, al fin y al cabo, un mecanismo de defensa razonable y una forma de protegerse del dolor? ¿No es, de algún modo, una alternativa, cuando muchas cosmovisiones que hablan de vida más allá de la muerte están de capa caída y para mucha gente no hay creencias religiosas en las que encontrar sentido ni esperanza? La trampa de ocultar la muerte, en primer lugar, nos hace perder perspectiva. Porque cuando sí tenemos la perspectiva de que la vida se acaba, el mundo cambia de golpe.

En internet se puede encontrar un vídeo muy interesante: en las Navidades de 2015 un grupo de organizaciones quiso hacer un experimento sobre percepciones, prioridades y valores. Juntaron a un grupo de jóvenes madrileños y les fueron preguntando, uno por uno, por los regalos que pensaban hacer esa Navidad a una persona muy significativa que les habían pedido que eligieran (en la mayoría de los casos habían señalado padres o madres). Las respuestas eran alegres, cotidianas, más o menos originales. Sin embargo, tras dejar que expusieran esas intenciones, les hacían otra pregunta mucho más delicada: ¿y si supieras que estas son las últimas Navidades que vas a tener a esa persona? ¿Si supieras que va a fallecer? Entonces, de golpe, los rostros se crispaban, las palabras costaban más, y al fin las respuestas se llenaban de profundidad, de cuidado, de emoción y de intensidad. Y aunque no era fácil, sin embargo, merecía la pena. Porque la perspectiva de un final, de golpe, llenaba de hondura el presente. Y los regalos que se elegían en ese nuevo escenario estaban cargados de sentido, significado y ternura[20].

La pena es que hemos convertido esa perspectiva en un privilegio que solo tomamos (o nos concedemos) cuando el final es inminente, cuando la enfermedad golpea o

---

[20] http://bit.ly/2eHqCEh.

cuando sabemos a ciencia cierta que el plazo está fijado. Y en esos momentos, el horizonte puede resultarnos demasiado dramático o doloroso como para que podamos sacar algo en claro. ¡Cuántas veces, ante la muerte de un ser querido, uno descubre lo poco importantes que son cuestiones que unos días antes parecían imprescindibles!

El hecho es que hoy en día hemos perdido esa perspectiva que enseña a priorizar lo verdaderamente importante, a relativizar muchas cosas en esta vida siempre fugaz y a asumir que la vida es una sola, por lo que importan mucho nuestros pasos y nuestras decisiones. Hemos encerrado en una habitación inaccesible la conciencia de nuestra finitud, perdiendo la oportunidad de mirar la vida con una sabiduría distinta.

¿Y qué tiene que ver esta herida con la soledad? Hay dos respuestas para esta cuestión. Por una parte, ocurre algo tan cotidiano e inconsciente como que, por no darnos cuenta de que quienes queremos pueden fallecer, de que cada día que nos tenemos unos a otros es un regalo y de que nuestra vida compartida es limitada, nos dedicamos menos tiempo de calidad unos a otros.

Por otra parte, al no asumir la muerte como algo cotidiano, presente y familiar; al ocultarla; al convencernos de que, como mal menor, tiene que llegar, pero solo al final de una larga vida, nos vamos haciendo terriblemente vulnerables ante su emergencia en situaciones inesperadas. La muerte casi siempre parece prematura, pero en unas ocasiones más que en otras. Un accidente, la enfermedad de un niño, la muerte de un padre en la flor de la vida, todo eso parece tan transgresor con el curso previsto de la vida que a quien le toca le cuesta procesarlo; y tampoco los cercanos sabemos muy bien cómo acompañar, qué decir, porque todo parece fuera de lugar. Así que esos duelos son terriblemente solitarios. Parece que a uno le ha fallado la vida, cuando siempre supimos que era eso.

Hace tiempo, con motivo de una muerte dura e inesperada que dejaba muy heridos a muchos amigos, escribí sobre lo que llamé el «principio de incertidumbre», apuntando a la necesidad de aprender a llorar la muerte. Decía entonces:

«A veces no sabemos, no comprendemos, no tenemos palabras. Y el silencio tampoco parece ayudar. A veces lo inesperado irrumpe con estruendo, con imparable exigencia, dándole la vuelta a certidumbres sólidamente asentadas. A veces las preguntas atruenan. Y nos llevan al límite en el que no podemos más que aventurar respuestas.

Entonces podemos enloquecer, perder pie y hundirnos en un mar bravío. La gran tentación en ese momento es convertirnos en el centro del mundo. Pero el mundo es el mismo que era antes. Con sus dosis de alegría y tragedia. Con sus retos. Con sus carencias y oportunidades. Entonces hay que darse permiso para llorar, para aceptar que uno tiene derecho a romperse un poco, para pedir un abrazo que sea refugio, o envolverse en una distancia necesaria (cada uno somos diferentes en nuestra forma de bailar con la tormenta).

Pero también, con honestidad desnuda, hay que aceptar que la incertidumbre estaba ahí antes. Que el mundo ya era extraño. Que cada día importa. Que el amor baila, disfruta y se acostumbra, pero también pierde, añora y tiene que dejar marchar. Y que Dios no nos ha engañado, pues siempre supimos que la vida era este misterio».

6.3. La herida de la fe. El misterio de un Dios silencioso

Una sociedad creyente, con una confesión más o menos compartida por la mayoría y una cosmovisión religiosa común, sin duda ayuda a quienes viven esa fe, pues todo parece contribuir a hacérselo más fácil. Así ha sido durante siglos la realidad de Occidente. Los no creyentes eran estigmatizados y en muchas ocasiones perseguidos. El ateísmo era una rareza, un escándalo y un motivo de rechazo. La gente creía, celebraba, rezaba, se postraba ante imágenes que reproducían escenas bíblicas y llenaba los templos de estatuas que mostraban quiénes eran los principales testigos de la fe. Sin duda todo esto tendría también su cara oscura, el peligro de una fe impuesta y la incapacidad para aceptar un valor hoy incuestionado como es la libertad religiosa. Pero, ciertamente, hacía más fácil vivir una fe mayoritaria y sólidamente arraigada en cultura, tradición y costumbres.

Hoy las cosas han cambiado. Los maestros de la sospecha del siglo XIX (Feuerbach, Marx, Nietzsche o Freud) fueron cuestionando la fe por distintos caminos y abriendo resquicios para la duda, para la increencia y para la apostasía explícita o, con mucha más frecuencia, la apostasía silenciosa de las grandes mayorías. El siglo XX vio surgir nuevos movimientos que continuaron dicha tendencia. Mucho más que las ideologías políticas, el consumismo se fue convirtiendo en una religión sin otro dios que la riqueza ni otro templo que las grandes superficies comerciales (hoy también las virtuales). La secularización, estudiada en distintos contextos y con diferentes rasgos, es una realidad en buena parte del mundo.

El XXI ve a los profetas del nuevo ateísmo (Sam Harris, Daniel C. Dennett, Richard Dawkins y Christopher Hitchens) cabalgando a lomos de eslóganes sobre lo liberador que resulta no creer. «Probablemente Dios no existe. Deja de preocuparte y disfruta de tu vida» era el lema con el que la periodista británica Ariane Sherine quiso promover desde los autobuses –con bastante buena acogida, todo hay que decirlo– ese nuevo ateísmo.

En España tenemos que añadir a esto la polarización que suele acompañar a todas las causas y la reacción de los últimos cuarenta años frente al papel que la Iglesia tuvo los cuarenta anteriores, condicionando la sociedad y muy vinculada a la dictadura franquista. Pero no solo eso, también un mundo más hedonista, la incultura religiosa, los prejuicios anticatólicos, los propios escándalos eclesiales, la falta de profundidad a la hora de analizar muchas cuestiones… todo ha ido contribuyendo a que la masa de gente crítica sea cada vez mayor y los creyentes cada vez tengan que afrontar su fe en una sociedad más adversa. Y al final resulta que se genera un contexto donde creer se identifica con superstición, con antigüedad o con pensamiento mágico. Muchos asumen con tranquila certidumbre que fe y ciencia son incompatibles, y no le dedican ni un pensamiento al hecho de que alguien pueda creer que se complementan.

Hace un tiempo me ocurrió algo curioso. Había presidido una boda y, tras la celebración religiosa, me encontraba compartiendo un rato con la gente que se juntaba para festejar, antes de la cena. Entonces se acercó una mujer que, trayendo a su marido consigo, no sé si a la fuerza o de buen grado, me dijo, medio bromeando: «Padre, dígale algo, que no ha ido a la misa y solo viene a la comida». Yo me quedé con cara de póker, pues como introducción era un poco extraña sin conocernos de nada. Pero él, con total desparpajo y absoluta seriedad, mientras me daba la mano me dijo, mirándome con expresión serena y como si me quisiera ofrecer una explicación: «No, verá, es que yo soy más un hombre de ciencia». Tan en serio, tan convencido, tan natural. Y se quedó tan ancho, quizás sin ni siquiera darse cuenta de que, en esa manera de explicarse, había dado por sentado que yo, en cuanto persona de convicciones religiosas, debía ser enemigo de la ciencia o algo así, y con toda tranquilidad me había llamado ignorante –o al menos me había declarado incompatible con el pensamiento científico– en una frase. Con esto hay que lidiar.

Hoy vivimos en un contexto –al menos en España– donde la intolerancia más comúnmente aceptada empieza a ser la que carga las tintas contra los católicos. Cualquiera, en las redes, puede increpar al creyente, atribuirle todos los males del mundo o reprocharle lo que se ve criticable en la Iglesia. La libertad de expresión ha de cuidarse mucho de ofender a minorías y grupos diversos –algo que, dicho sea de paso, me parece muy bien, porque creo que la libertad de expresión no tendría por qué convertirse en coartada para ofensas gratuitas–, pero esa misma libertad de expresión se convierte en justificación para jalear manifestaciones artísticas que juegan con los sentimientos religiosos de la gente buscando con toda la intención la polémica y el morbo.

Todo esto no deja de ser coyuntural, y tampoco debería llevarnos a victimizarnos en exceso. Pero también hay que afrontar las encrucijadas y dilemas eternos que se le plantean a la fe, y en particular el problema del silencio de Dios ante la cuestión del mal. Ahí sí que tocamos en hueso, y hemos de enfrentarnos a la distancia, a la soledad más difícil de un Dios que, por la razón que sea, no quiere ser evidente. ¿Por qué Dios, si existe, permite el mal? Esa es la gran pregunta de una disciplina llamada «teodicea». Y la respuesta que muchos dan: o no existe o, si existe, es malo. ¿Por qué, si nos creó, no nos maneja? ¿Por qué esta libertad que nos permite fallarnos unos a otros? ¿Por qué, si Dios está cerca, no se hace inmediatamente perceptible? Tratamos de contestar, aludiendo a la libertad, a una presencia más espiritual, a la revelación donde ya podemos encontrar respuestas… pero en ocasiones a todos nos toca bailar con el vacío de un Dios distante.

Y ante todo esto, social y espiritual, colectivo o personal, el creyente tiene que aprender a mantener su fe un poco a contracorriente. La eterna duda o el abismo ante el silencio de Dios es hoy un reto enorme para los creyentes, que ven que otros parecen vivir estupendamente sin necesitar referirse a ninguna religión ni divinidad.

Ante esto, hay quien elige refugiarse en grupos con identidades sólidas y bien definidas, de un modo más combativo que reflexivo. Pero la mayoría –esa mayoría silenciosa de la que hablaba más arriba al referirme a la tierra de nadie– va conquistando una fe que es don, pero también es batalla. Y en momentos de incertidumbre, de cansancio o de rutina, puede brotar, en el corazón del creyente, la pregunta: «¿Dónde estás, Dios? ¿Por qué no nos lo pones más claro? ¿También tú, Dios nuestro, nos has abandonado?».

No me parece que sea peor la situación de estar en una minoría con preguntas que la de pertenecer a una mayoría acomodada. Quizás tenga menos inercia e implique más decisiones personales; y quizás suponga una fe más purificada y más madura, porque sin duda hoy el creyente termina teniendo que afrontar cuestiones que antes no necesitaba plantearse.

En cualquier caso, por más que uno se pueda apoyar en una comunidad o en el grupo de gente con el que comparte fe y vida, hay momentos de vértigo que solo pueden afrontarse en soledad. Situaciones en que la fe demanda un salto al vacío que nadie puede dar por uno. Oraciones en las que, con una fe peleada, te tienes que volver al Misterio y repetir aquellas palabras del Evangelio: «Creo, pero aumenta mi fe».

TERCERA PARTE

Bailar con la soledad

Basta de hurgar en la soledad. Ya advertía, en la introducción a la segunda parte, de que ese recorrido por los motivos para sentirse solos podía ser un poco exigente, pues se trataba de ir mostrando dinámicas muy humanas, que generan en las personas ese desasosiego, esa sensación de abandono o de ausencia.

Me gusta decir que somos imagen del Dios de los encuentros. La verdad es que la soledad que vivimos está habitada, y en el Evangelio podemos encontrar muchas historias que responden a la soledad con invitaciones al encuentro. Esas historias se convierten en espejo de nuestras propias vidas. Los personajes, las palabras que se dicen, los gestos con que se relacionan, las decisiones que van tomando, todo ello se convierte en una música diferente. Una música que llena el silencio deshabitado y lo convierte en sinfonía llena de nombres, de vida y de gente. Una música que nos permite bailar con la soledad. Me gusta imaginar que cuando nos movemos, en realidad, estamos bailando. Al son de una música que cada uno escucha. «Canto para dentro todo lo que te diré», proclama Rozalén en una preciosa canción de amor[21]. Bonita imagen, esa de cantar por dentro –o para dentro– lo que después se convertirá en batalla, palabra, silencio, lamento o declaración de amor. Y al compás de esa melodía interior, convincente y profunda, la realidad y la mirada se transforman.

---

[21] Rozalén: «Antes de verte», en *Cuando el río suena*, producido por Ismael Guijarro, 2017.

Es muy común en el cine jugar con esa idea del baile. En películas musicales o en otras que, sin serlo, dan el salto a ese mundo en el que movimiento y música se convierten en relato sobre lo que viven los personajes. Quisiera proponer tres momentos que para mí son mágicos y reflejan muy bien esa música que lo cambia todo.

El primero aparece en la película *El rey pescador*. Parry es un hombre extraño. Un vagabundo alocado, impredecible, y por lo que vamos a descubrir, enamorado de Amanda, una mujer apocada y solitaria que ni siquiera sabe que él existe. Durante unos días fascinantes, Parry guiará a Jack, antiguo locutor de radio con problemas, por Nueva York, mostrándole cómo ve él la ciudad. En una escena entrañable, lo lleva a la Estación Central, donde lo conmina a esperar hasta que, a la misma hora de cada día, aparece Amanda por un extremo del gran vestíbulo. En ese momento percibimos cómo para Parry, desde que la ve y mientras sigue a su amada entre la gente, la estación se ha convertido en una gran pista de baile. Y con esa belleza que solo el cine puede conseguir, en un instante esa enorme muchedumbre de personas apresuradas e indiferentes unas a otras se han convertido –en su imaginación– en bailarines que se mezclan, comparten los pasos, danzan y exultan. Cuando la mujer desaparece hacia el andén, la vida recupera ruidos y prisas[22]. Pero queda para siempre, en la retina, ese instante de belleza imprevista, de alegría desbordante y de música.

---

[22] D. HILL y L. OBST (productoras) y T. GILLIAM (director), *The Fisher King*, Estados Unidos: Columbia Pictures (1991), http://bit.ly/2gnSLjP.

En *500 días juntos* Tom, un joven arquitecto que se dedica a dibujar tarjetas de felicitación, está locamente enamorado de Summer, la chica nueva de la oficina. Y hace todo lo que puede para conquistarla. Cuando cree que su intento es una causa perdida, ocurre lo inesperado. Ella le corresponde. Tras su primera noche juntos, vemos cómo, la mañana siguiente, cuando Tom sale a la calle, la ciudad le parece diferente. Suena la canción *You make my dreams* y Tom disfruta. Se mira en un cristal y se ve como Harrison Ford en el papel de Han Solo. Se siente hermoso, feliz, triunfador, y la ciudad baila con él. Los caminantes le sonríen, el parque se convierte en una fiesta. Bajo la música del amor, la ciudad entera ha aprendido a bailar[23].

Por último, *La La Land* sí pertenece al género musical, por lo que es más previsible que los personajes se arranquen a cantar y danzar. Pero el comienzo de la película se ha convertido en una escena magistral, compartida, imitada e incluso parodiada hasta la saciedad. Quizás porque ¿quién no querría vivir algo así? Comienza la escena con un largo recorrido por un atasco en una de las autopistas de Los Ángeles. Cada coche es un mundo distinto, y a medida que la cámara va pasando a su lado vemos semblantes y oímos voces que reflejan lo que cada personaje está pensando, o el programa de radio que escucha. Muchas vidas. Muchas historias diferentes. Poco en común. Sin embargo, en un momento dado la cámara se fija en una mujer sentada en un coche. Sus recuerdos

---

[23] M. Novick (productor) y M. Webb (director), *500 Days of Summer*, Estados Unidos: Fox Search Light Pictures (2009), http://bit.ly/1cxhPjE.

se convierten en canción. Sale del vehículo, empieza la música compartida y arranca el baile, mientras cantan *Another day of sun*. La canción recoge las memorias nostálgicas de uno, los sueños de otro, esperanzas, decisiones pendientes... La autopista se llena de color. Un camión resulta ser el escenario de una inesperada banda de música. Las bocinas ahora son trompetas. Los coches se convierten en plataformas improvisadas para danzarines que celebran, con júbilo, un nuevo día de sol[24].

El mundo baila para quien sabe verlo. A veces la danza es entusiasta y triunfal. Otras, es delicada y nostálgica. En ocasiones el escenario está lleno de una muchedumbre que interactúa y se comprende, mientras que a veces una sola figura se mueve entre sombras y luces, reflejando con sus gestos de fuera los movimientos de dentro. Bailar es un poco como empezar a volar desde el suelo. Es una buena forma de andar por la vida, de relacionarse con el mundo, con los otros, con Dios... Y sí, se puede bailar con la soledad.

El Evangelio no habla mucho, o no muy explícitamente, de la soledad. A veces vemos a Jesús orando solo, y en el huerto dicha soledad será exigente y dramática. Sin embargo, hay muchas historias que reflejan formas de soledad que, en el encuentro con Jesús, pueden convertirse en música compartida. En los próximos capítulos trataré de irme asomando a algunas de esas historias, para intentar descifrar la melodía que nos enseñan.

¡Que empiece el baile!

---

[24] F. BERGER y J. HOROWITZ (productores) y D. CHAZELLE (director), *La La Land*, Estados Unidos: Black Label Media (2016), http://bit.ly/2xClPf2.

7

«Joven, decídete, no se puede ser todo en la vida»

Hace años, un compañero jesuita encabezó una entrada de un blog con este título, provocador e inmediato. El artículo se leyó con fruición y despertó mucho interés en aquella plataforma digital. Creo que el título tenía gancho. Porque prometía lo contrario de lo que muchas personas perciben como ideal. En un mundo que mitifica el tenerlo todo, hacerlo todo, vivirlo todo, no renunciar o privarse de nada, alguien se atrevía a decir que no se puede ser todo en la vida.

En el capítulo tres he hablado, entre los motivos personales de la soledad contemporánea, de la dificultad para tomar decisiones, vinculada a la falta de responsabilidad. Decía entonces que vivimos en un mundo que, por una sobreprotección mal entendida, está privando a las personas del aprendizaje necesario para la toma de decisiones, con las consecuencias y responsabilidades que traigan aparejadas.

Hay algo muy interesante en el Evangelio, y es la insistencia en que las personas tienen que tomar sus propias decisiones. Hay asuntos en los que nadie puede decidir por uno. Desde el comienzo, la historia de Jesús pasa por personas que han de tomar postura y elegir. Parece como si hubiera un enorme arco que va desde el «hágase» que dice María en la anunciación hasta el «hágase» que el propio Jesús va a tener que decir en el huerto. Y por el medio, un número enorme de personas a quienes se va pidiendo elegir. Jesús no exige, llama. No impone, propone. No obliga, invita. La gente a la que se dirige siempre tiene alternativas. Lo único que no será posible para ellos es elegirlo todo a la vez. Repicar y estar en la procesión o nadar y guardar la ropa son binomios incompatibles.

Decidir es elegir entre varias alternativas, y entonces abrazar algo por lo que apuestas. Pero, al tiempo, es renunciar, dejando atrás otras posibilidades u opciones. Y lejos de ser una frustración o motivo de tristeza, en realidad es una música que libera. Porque supone aceptar los límites como parte de la vida. Supone desechar la música engañosa que tararea que todo es posible, para dejar que suene una melodía mucho más sutil y llena de matices: la que te enseña a aceptar y valorar lo que tienes (el tiempo, los días, los medios) porque sabes que es escaso.

Decidir implica arriesgar. Y puede suponer equivocarse. Uno tiene la sensación, leyendo la historia del joven rico, de que este, cuando opta por volverse a su casa y no seguir a Jesús, se equivoca. Pero al menos toma una decisión. Quizá más adelante, en su camino, el error será escuela y el «no» de ahora será un «sí», más maduro y reconciliado. Me parecen más problemáticas las situaciones de quien quizás ni siquiera es consciente de estar tomando una decisión. Muchas veces he pensado en el sacerdote y el levita de la parábola del buen samaritano. Probablemente, en su pasar de largo sin atender al herido haya un no querer ver, una decisión más inconsciente, un mundo de justificaciones. Y si no eres consciente de que estás decidiendo, entonces tal vez no puedas valorar los aciertos ni comprender el alcance de los errores.

No estamos libres de equivocarnos en las decisiones. ¿Quién no ha metido la pata más de una vez en la vida? Y eso no es ni tragedia ni drama. Ni siquiera cuando te equivocas en algo serio. Por supuesto que puede generar trastornos y que, si te equivocas, tocará, cuando sea posible, enmendar el error. Pero creo que el verdadero problema es decidir sin saber que lo estás haciendo. Porque entonces no tienes ni idea de a dónde estás yendo.

Pensemos en algo como la corrupción, que afecta en nuestro mundo a tantas instituciones y personas. A veces me gusta pensar que, si uno tuviera delante una clase llena de niños de 5 años de edad y les estuviésemos preguntando por sus sueños de futuro, seguro que se repetían deseos de ser futbolistas, modelos, aviadores, doctoras o lo que esa sociedad tenga como referencias. También creo que, si a esos pequeños les preguntásemos si de mayores quieren ser corruptos –suponiendo que les hubiésemos logrado explicar lo que queremos decir con ello– su expresión, entre risueña y ceñuda, indicaría que no. Porque es malo. Porque es feo. Porque es robar. Sin embargo, todos los corruptos que hay por ahí –y hay muchos, desgraciadamente– tuvieron 5 años. ¿Cuándo empezó a torcerse su camino? ¿Cuándo empezaron a deslizarse por la pendiente que lleva a aceptar lo inmoral, a robar dinero público, a utilizar tu función para fines egoístas e ilícitos? Probablemente la primera decisión fue pequeña, casi intrascendente, y pudo estar basada en justificaciones, en decirse a uno mismo que no era para tanto, que era para compensar otras cosas que no estaban bien compensadas... El caso es que se decide en lo pequeño lo que después se va a vivir en lo grande.

He ahí la música. Constantemente estamos tomando decisiones. A diario. ¿Cómo empleo mi tiempo? ¿Cómo utilizo las palabras? ¿Y los recursos a mi alcance? ¿Qué hago con los talentos que he recibido? ¿Qué caminos elijo y cuáles desecho? ¿Cómo trato a las personas? Es más, ¿a qué personas decido tratar? Todo eso, lejos de ser un motivo para el agobio o para el desaliento, es, bien mirado, una llamada a la grandeza. Al buen uso de la libertad. A cultivar la responsabilidad y las posibilidades que hay en tu horizonte.

Y es verdad que muchas de esas decisiones las tienes que tomar por ti mismo. Quizás puedas pedir consejo, buscar algún tipo de ayuda para desentrañar lo que pueda ser complejo en las encrucijadas que te toque vivir. También, desde la fe, buscas guía, criterio, inspiración en el Evangelio, en la palabra, en Dios que puede estar inspirando tu búsqueda. Pero, al final, hay un punto de autonomía en el que solo uno puede optar. Lo bonito es ir aprendiendo a decidir. Es ir descubriendo a dónde quieres ir. E ir clarificando también a dónde no quieres llegar de ninguna manera. Porque ya he insistido en que no tenemos todas las garantías de acertar, y todos podemos equivocarnos. Pero, dicho eso, no es lo mismo vivir a lo loco, jugarse la vida a cara o cruz y elegir sin criterio ni sentido, que poder decir, en un instante de serena lucidez: «Sé a dónde quiero ir».

Esto es lo que lo cambia todo. Tener un horizonte, una dirección, ponerte metas en la vida. Trazar algunas líneas que son, de algún modo, innegociables y que sabes que no estás dispuesto a cruzar, porque van más allá de lo que sientes como convicciones inscritas en tu entraña. Señalar, en el horizonte, algunos puntos que conviertes en destino, en anhelo, y que desde entonces tiran de ti y te ayudan, una y otra vez, a enderezar la ruta.

El proceso de ir aprendiendo a elegir es un proceso de liberación frente a la incertidumbre que te descoloca. Es conquistar parcelas de seguridad frente a la vacilación que te paraliza. Es aceptar una mayoría de edad que no es la de la ley, sino la de la responsabilidad.

8

Baile de expectativas

Marta y María son dos hermanas, amigas de Jesús, que representan muy bien las tensiones que no faltan en las mejores familias. Hay una escena en el Evangelio de Lucas en que Marta, la hermana mayor, harta de hacer todo el trabajo, preparando la casa y atendiendo a los invitados, estalla. Entonces se encara con su hermana y con el mismo Jesús, que consiente que la más pequeña esté sentada sin hacer nada.

El estallido de Marta es una de las emociones más reconocibles del Evangelio. Está cansada. Está disgustada. Y probablemente el torrente de reproches que despliega es el final de un largo proceso interior de ir cargándose de enfado, de resentimiento y de abandono. De hecho, este episodio es uno de los pocos pasajes evangélicos donde alguien habla explícitamente de soledad. «¿No te importa que mi hermana me deje servir sola?» exclama, herida y furiosa.

La mayoría de las veces estos procesos interiores de soledad frustrada no terminan en un estallido, sino que toca lidiar con ellos en silencio, hasta que, quizás, van encontrando su lugar. Pero no cabe duda de que ahí están. Y que ese lugar que ocupan a veces es un espacio herido, que deja un poso de nostalgia o insatisfacción por lo que uno piensa que podría haber sido de otra manera.

Hay una soledad hecha de expectativas incumplidas, de sueños frustrados, de anhelos que no terminan de colmarse. En Marta nos reconocemos tantos, y tantas veces… Porque ponemos en otros nuestros deseos, volcamos en ellos cariño y querríamos ser correspondidos. Porque esperamos que actúen de una manera y, cuando eso no se cumple, entonces una sombra de desasosiego, de duda, de inseguridad hace que nos hundamos un poco.

Es esta la soledad de quien ama más que el otro y por eso mismo siempre está atento, por si recibe una caricia inesperada, una palabra generosa o un gesto de ternura que no tenga que ganarse a base de tentativas o estrategias. La soledad del amor asimétrico daría para escribir muchos volúmenes, porque no hay dos relaciones iguales y, sin embargo, hay algo de asimetría en todas las relaciones, con la carga de complejidad y decepción que esto a veces implica.

Es también la soledad de quien, queriendo compartir vida, tiempo o historias cotidianas, sin embargo, experimenta desinterés en quienes lo rodean, afanados en otras urgencias, entrampados en otras prisas o moviéndose con otras prioridades. Y así, nunca encuentras el momento o el espacio para esa conversación, esa confidencia o esa presencia tranquila.

Es la soledad de quien, teniendo algo que celebrar, algo que es motivo de alegría, espera que otros se alegren con él, que muestren júbilo y que compartan o acompañen de algún modo ese instante de celebración y, sin embargo, se encuentra con un muro de educado silencio. Y entonces no sabe si ese silencio es indiferencia, es reproche, es racanería o es inconsciencia.

El trabajo es otro ámbito en el que esto se produce. Así lo siente quien espera una palabra amable ante su dedicación, porque le parece que lo que hace no se valora lo suficiente. Pero ese reconocimiento no termina de llegar. O la soledad de quien vive con frustración alguna dinámica que lo va desgastando, pero nunca encuentra dónde o cómo poder plantear un cambio, por lo que va rumiando en silencio su malestar. Es la soledad de quien creía merecer un puesto que fue para otro. O la de quien, en un proyecto compartido, siente que está tirando más, apostando más, esforzándose más, sin que otros parezcan igualmente comprometidos con el empeño.

Todos los ejemplos anteriores tienen en común la dinámica de las expectativas. Uno espera de otros un gesto, una palabra, una conducta, una manera de comportarse. Y cuando eso que se esperaba no termina de llegar, toca procesarlo en soledad.

No podemos culpar siempre a los otros por todo eso. A veces es, sencillamente, que estamos equivocando el horizonte, que exigimos a la vida o a los otros más de lo que pueden dar.

Otras veces es que quizás queremos que adivinen lo que sentimos, lo que necesitamos, lo que esperamos de ellos. Y no nos atrevemos a dar el paso, tan sencillo y tan real, de contarlo. De hablar de esas frustraciones. Callamos por miedo a mostrarnos vulnerables. O por temor a resultar patéticos al pedir atención o cariño. Callamos porque no queremos que nos vean débiles. O porque, desde una desconfianza comprensible, pensamos que, si un gesto no brota espontáneamente, ¿cómo vamos a creer en su significado si solo llega como resultado de una reclamación? Todo eso nos paraliza un poco.

Tres actitudes pueden poner música en este baile con las expectativas. La primera es el atrevernos a contarnos las cosas. Donde las relaciones nos importan, tenemos que tener la valentía de desnudarnos un poco por dentro, quizás no desde el reproche por lo que el otro no hace, ni tampoco desde la exigencia –porque muchas cosas, si brotan, ha de ser desde la libertad– pero sí desde la confianza de abrirse y mostrar las propias inseguridades, anhelos y sueños. Esa apertura es nuestra manera de tender un puente. Es evidente que no siempre, ni en todas las relaciones, uno puede o debe soltar a borbotones todo lo que lleva dentro. Pero el silencio hermético tampoco debería ser la dinámica habitual.

Somos complicados, nos equivocamos, no hacemos el bien que queremos y a veces, sin quererlo, fallamos a otros. Nos toca comprender que las relaciones humanas son de todo menos idílicas. Pero también son hermosas. Y en las relaciones, en el amor, en la amistad, en la cooperación, encontramos momentos de verdadera comunión y fiesta. Teniendo todo eso en mente, la segunda actitud es la de aceptar el desajuste entre lo que uno espera y lo que el otro puede dar en un momento determinado. Aceptarlo, consciente de que a veces las circunstancias, la educación, la manera de ser o el contexto que rodea la vida del otro lo pueden tener envuelto en otras batallas u otras urgencias. O, más aún, que su carácter, su manera de expresar (o no hacerlo) es otra. Aceptarlo no desde la resignación, sino desde la confianza en que el tiempo puede ayudarnos a ir encajando ritmos y músicas.

La tercera actitud sería la de darle la vuelta al espejo. Hasta aquí he estado hablando de las expectativas que uno pone en otros y de cómo estas pueden fallar. Pero, dado que todos nos relacionamos unos con otros desde dichas expectativas, también habrá que pensar, con honestidad, si uno mismo no habrá estado a la altura de lo que otros esperaban. Por eso, quizás no es cuestión de tratar de cambiar a los otros, pero sí de pensar cómo mis palabras, mi cariño, mi presencia, silencio o distancia, ternura o apoyo, pueden ser también algo que otros necesitan. Al pensarlo así, uno descubre puentes tendidos que, quizás, le toca cruzar. Y también puede ser que, a veces, aun sabiéndolo, no puedas responder a todo lo que otros esperan. Pero eso mismo es escuela para aceptar ese punto de desproporción, de inadecuación o de distancia.

Al final, tenemos que darnos permiso para desear, para anhelar, para soñar y esperar lo que otros pueden aportarnos. Pero sin convertir el deseo en exigencia, el anhelo en obligación o la respuesta en condición.

9

¿Qué hay de lo mío? Espejos o ventanas

Hay una parábola en el Evangelio de Mateo, a propósito del perdón, que resulta muy interesante. Un hombre que debe una cantidad enorme de dinero a un vecino le pide que lo perdone cuando llega la hora de pagar, porque no tiene con qué hacer frente a la deuda. Y el vecino se compadece y lo perdona. El mismo hombre que ha sido perdonado es acreedor de una suma mucho más pequeña y, cuando su deudor viene y le pide que lo perdone, se niega y le exige que cumpla inmediatamente, con la amenaza –que ejecuta– de mandarlo a la cárcel hasta que pague. La parábola termina con un castigo ejemplar para este hombre tan egoísta y contradictorio.

Muchas veces pienso que esto no es solo una parábola sobre el perdón o sobre el egoísmo. Es también un relato sobre una forma de soledad. Me gusta llamarla la soledad del espejo. ¿Qué le ocurre a este hombre? Que se relaciona con los demás solo desde su propia necesidad. No tiene en cuenta el cuadro más amplio; no entiende que las otras vidas también son complejas y que cada uno tiene sus circunstancias. ¿Qué es lo que le funciona? Mirar al otro y verlo siempre con una única pregunta en la mente:

«¿Qué hay de lo mío?». Y así, cuando mira al acreedor, lo único en que puede pensar –comprensiblemente, sin duda– es: «Necesito que me perdone o al menos me prorrogue la deuda». Sin embargo, cuando mira al deudor, lo único que le brota es: «Necesito que me pague». En ningún caso pasa por su mente la pregunta por lo que el otro necesita, por lo que estará ocurriendo en las vidas ajenas, por el cuadro más amplio. No se pregunta si el hombre a quien decide mandar a la cárcel tiene hijos, si la ruina acabará con lo poco que quede de su vida, si ha pasado una mala racha o si quizás su mujer está enferma y no puede dedicar tiempo al trabajo. El otro no importa, no existe, no es mi problema –parece pensar–. La mirada del espejo es una mirada de conveniencia. Enmascara una búsqueda egoísta, aunque no seamos conscientes de ello.

Algo así ocurre cuando uno vive siempre pendiente de sus propios problemas, urgencias, necesidades, horarios y tiempos. Cuando las relaciones se construyen desde la utilidad y no desde la gratuidad. Cuando uno se pone tan en el centro que todo lo que ocurre es importante solo en la medida en que te afecta.

Hay dinámicas personales y sociales que reflejan esta mirada-espejo. Ocurre a veces que percibes a un compañero de trabajo, o un amigo, o una pareja, con expresión de enojo, o en silencio, o manteniendo una distancia que no comprendes, y entonces te preguntas «¿Qué le habré hecho?» y quizás lo vives con una mezcla de malestar, preocupación y disgusto. Y resulta que la mayoría de las veces la respuesta sería: «Nada». Porque su enojo, o su preocupación o distancia tiene que ver con otra cuestión, con algo de su vida que no se relaciona contigo. Quizás la pregunta que haya que hacerse, y hacerle, es por su familia, por su trabajo, por su salud, por lo que lo enoja o atormenta, pero sabiendo que va más allá de uno.

Como decía, esto sucede también con dinámicas sociales. Por ejemplo, ocurre muy a menudo que las noticias multiplican su impacto, su interés y su presencia cuando, por proximidad, parecen afectarnos a nosotros. Un atentado en nuestras calles tiene infinitamente más repercusión que un atentado, por ejemplo, en las calles de Bagdad. Aunque el número de víctimas en este último sea desmesurado. Un enfermo de ébola por las calles de Madrid genera más titulares que miles en un país africano que no sabemos localizar en el mapa. El espejo busca reconocimiento, familiaridad, vinculación. «Podría ser yo» –parece convertirse en lo que moviliza la preocupación y la conciencia–. Es comprensible, pero se corre el riesgo de terminar encerrándose en una burbuja en la que solo puede entrar lo que a uno mismo le afecta. Y esa burbuja, quizás puesta para proteger, termina aislándote. He ahí la soledad de vivir en un mundo de espejos.

Frente a ello, la música comienza cuando abres la ventana. Cuando al mirar al otro no lo haces como quien espera verse reflejado. No lo haces desde el «qué necesito» o «qué me cuentas de mí». Hay veces que la gente dice, con buena intención, que habría que aprender a ver a Dios en los otros. Sin negar eso, yo casi me conformaría en este mundo con que empezásemos por intentar ver al otro en el otro. Con que aprendiésemos a mirar fuera de nuestros muros, de nuestras burbujas, de nuestras preocupaciones inmediatas. Porque, si el mundo-espejo es raquítico y tiene algo de encierro, también es posible un mundo-ventana, en el que de veras nos asomamos a los demás, tratando de conocerlos. Pero no una ventana virtual, que mantiene la distancia y se cierra a golpe de clic. Más bien una ventana física, la que abres y entonces entran el ruido, el frío, el calor o la lluvia. A la que te asomas y entonces el viento te da en la cara. La que se puede convertir en puerta para cruzarla al encuentro del otro.

Hay una riqueza, una belleza y una genialidad única en los seres humanos... Las personas somos diferentes, cada uno un misterio, una fiesta, un mundo. Cada uno ponemos una música distinta en esta gran partitura. Y aprender a descifrar y conocer al otro es un viaje lleno de sorpresas. Asomarse al otro no es andar indagando sobre sus intimidades, desde la curiosidad malsana o un cotilleo mal entendido. Pero sí es el interés genuino por su historia. Es la voluntad de comprender las batallas que forman parte de cada vida. Es ver mucho más allá de un perfil, o de cuatro rasgos genéricos. Es estar dispuestos a conocer –y dejarse conocer–.

Uno de los musicales más exitosos de la historia, quizás el que más, es *Los miserables*. Por muchas razones. Porque la historia de Victor Hugo sobre héroes y villanos, sobre amor y perdón, sobre ley y libertad, sobre culpa y redención, sobre rebeldía y derrota es conmovedora. Pero, sobre todo, porque los creadores del libreto y de la música consiguieron algo que pocas veces se ha visto con tanta precisión. Hay melodías y canciones que aparecen varias veces a lo largo del montaje. Son temas que se vinculan a un personaje o a un sentimiento (como Jean Valjean en los momentos de tomar decisiones trascendentales, Marius y Cosette cantando el amor, o los Thénardier, unos estafadores que, ya sea regentando una posada o robando por las calles de París, vuelven una y otra vez con la misma melodía). Hay un momento, al final del primer acto, en el que ocurre algo admirable. El protagonista, Jean Valjean, comienza a cantar. Pero en este caso no es una canción para un solo intérprete, como ocurre en muchos otros momentos. Otros personajes van tomando el relevo y las melodías se van sucediendo. El enamorado Marius y la sensible Cosette se declaran amor eterno, el entusiasta revolucionario Enjolras invita a sumarse a la rebelión contra la tiranía, los granujas Thénardier aprovechan para sacar tajada, el implacable Javert canta defendiendo una ley que pone por encima de cualquier otra consideración, la solitaria Éponine lamenta no ser correspondida… y todos esos temas, con diversas melodías, se van sucediendo. Incluso el coro se suma, añadiendo profundidad e intensidad. Y entonces ocurre lo impensable. Si al principio cantaban uno detrás de otro, de golpe las voces se van sumando y superponiendo, hasta que hay un momento en el que están todos cantando juntos. 14 personajes y muchas melodías que confluyen, se contrastan, convergen… hasta que, en el último instante, se convierten en una única voz. Es sobrecogedor, y el entusiasmo que *One day more* despierta es indescriptible[25].

El mundo espejo es un mundo de una sola melodía: la propia. En cambio, asomarse a otras vidas es tratar de descubrir sus voces, su música y su verdad. Es aprender a escuchar el canto de los otros. Y, sin duda, el baile es mucho más rico. ¡Que no pare la música!

---

[25] Sugiero ver esa parte del musical en el montaje que se realizó con motivo del décimo aniversario de *Los miserables* en el Royal Albert Hall, pues, aunque no tiene la movilidad de la representación teatral, permite ver nítidamente esta suma de voces y figuras, tal y como he tratado de explicar: http://bit.ly/1o92o60.

10

Operación fracaso

Se dice, y con razón, que el éxito tiene muchos amigos, pero el fracaso, bastantes menos. O que solo en el fracaso se ve a los verdaderos amigos. Los triunfadores inmediatamente ven crecer a su alrededor una red hecha de nombres, rostros sonrientes, propuestas, convocatorias, llamadas, declaraciones de quienes los adulan y jalean. Pero cuando uno se estrella, cuando llegan las horas difíciles y cuando el barco amenaza con hundirse, muchos de estos amigos de conveniencia saltan por la borda sin mirar atrás. La experiencia del fracaso puede ser muy solitaria. Por el abandono de los otros, pero también por la propia dificultad para mantener la cabeza alta, por la sensación de vergüenza que a veces asola a quien ha fallado, o por el miedo a no saber salir del pozo donde uno se ha dejado atrapar.

En el capítulo 15 del Evangelio de Lucas se cuenta la que quizás sea la parábola más conocida de todos los Evangelios, con permiso del buen samaritano. Es la historia del hijo pródigo. ¿Quién no conoce ese relato, en el que se cuenta cómo un muchacho vividor e impulsivo pide a su padre que le anticipe la herencia, por aquello de que el presente es lo único que importa, y una vez que consigue el dinero se marcha sin mirar atrás? Entonces se lo gasta todo en juergas, en fiestas y en una vida de cierto hedonismo. Seguro que, si el evangelista escribiese hoy sobre este chaval, tendría muchos escenarios donde ubicar sus días y noches de diversión y olvido. El problema llegaría con el primer mensaje de que ya no queda saldo en la tarjeta. Se iría agravando al no poder pagar deudas o facturas, y se completaría con el abandono de todos los amiguetes de correrías. Cuenta la parábola que a este hijo díscolo se le van cerrando puertas y que el joven va descendiendo por una pendiente de fracaso hasta que termina tocando fondo y es contratado para dar de comer a los cerdos, mientras él mismo pasa hambre y quisiera alimentarse de las sobras de ese triste festín. Podemos imaginar la desolación y el batacazo que se ha llevado. Podemos imaginárnoslo lamentándose, incrédulo a ratos, furioso otras veces, desesperado la mayoría del tiempo... y muy solo.

Ante la soledad del fracaso cabe un silencio atroz, que es el del abandono y la recriminación. Empezando por los propios reproches que quedan ahí, resonando. O los lamentos que no conducen a ningún sitio. Por la mala suerte, la mala cabeza que uno ha tenido al tomar sus decisiones, o la mala coyuntura que te ha llevado a caer en un pozo. Cabe, cómo no, el peligro de que en esa situación uno se desmorone y no sea capaz de salir. La caída es, entonces, una prisión, y el fracaso se convierte en derrota absoluta.

Pero cabe también la posibilidad de buscar otra música distinta, y la misma parábola nos da dos claves que pueden ser muy interesantes. La primera es la de recuperar la historia. El mismo muchacho que ha vivido encantado con un presente sin memoria ni proyecto; el mismo que seguramente habría hecho del *carpe diem* un eslogan para su agenda o una frase para su perfil en Twitter, sin recordar nunca lo vivido ni preocuparse demasiado por el porvenir, va a recobrar, en el fracaso, su propia historia. Entonces va a mirar al pasado como escuela y fuente de sabiduría, a ver si en dicho pasado hay algo que pueda ayudarlo. Y da con ello, cuando al fin se enciende una luz y recuerda que en casa de su padre hasta los jornaleros vivían bien. Seguro que ese recuerdo le trae a la mente al padre, visto ahora con otros ojos: un padre tierno, preocupado, generoso… Sin embargo, si solo eligiese el camino del pasado, el joven quedaría ahora atrapado en la prisión de una nostalgia sin salida. Su gran acierto es abrirse también al futuro: «Me levantaré, iré donde mi padre, y le diré…». Así reflexiona. Y esa mirada al futuro se convierte en proyecto, en fuente de esperanza y en fuerza para levantarse e iniciar un camino para salir adelante. La historia, o mejor aún en plural, las historias, son buena música para bailar con la soledad. Porque soledad son, sobre todo, momentos o etapas del camino. Pero viene bien ver cada situación que nos toca vivir en la perspectiva más amplia de todo el recorrido. Eso da motivos, y da fuerza.

La segunda clave que aprendemos en el relato del hijo pródigo es la de la humildad de reconocer que, a veces, hay que pedir ayuda. No es fácil. El fracaso te puede llevar a encerrarte más en ti mismo. A pretender, con una mezcla de vergüenza y orgullo, que, si tú has caído, tú te tienes que levantar. Pero, en muchas ocasiones, eso es como pretender alzarse del suelo a base de tirar uno mismo del cuello de la camisa hacia arriba. Si no hay otro punto de apoyo, por más que tires, lo máximo que conseguirás será desgarrar la tela. Tiene que ser otro –u otros– los que tiren de ti. El hijo pródigo recuerda, en su soledad, a quien puede ayudarlo. Recuerda a ese padre bueno que lo quiere y seguramente lo espera. Y entonces se atreve a pedir ayuda. Ese gesto es como la obertura que va a dar paso a un nuevo baile.

Es muy interesante, si aún profundizamos un poco más en la parábola del hijo pródigo, descubrir otra historia que se contrapone a la anterior. Hay un hermano mayor que siempre ha estado en casa, y se muestra indignado con la recepción que su padre depara a este hijo pequeño, tarambana y alocado, que ahora vuelve al hogar lamentando lo ocurrido. Resulta que este hijo y hermano mayor también tiene su propia historia de soledad, que solo aflora ahora, en este momento de indignación. Cuando estalla contra su padre y le reprocha lo ocurrido, sale a borbotones todo lo que lleva quizás años sufriendo en silencio. «Tanto tiempo que he estado contigo –le dice– y nunca me has dado ni siquiera un cabrito para compartirlo con mis amigos». Esa frase contiene un mundo interior de tormento y soledad. Este muchacho ha callado su dolor, rumiando la sensación de no ser tan querido como su hermano. Quizás el padre ha pasado años mostrándose triste, lamentando la ausencia del hijo pequeño. Y en todo este tiempo, el hijo mayor llevaba en silencio la sensación de no ser querido, el dolor, el miedo. La respuesta que el padre, sorprendido, le da, al decirle «Hijo, si todo lo mío es tuyo», podría convertirse, con otra formulación, en un «Solo tenías que haberlo pedido». Echemos la imaginación a volar. Si en algún momento de este calvario interior el hijo mayor se hubiera confiado con el padre, si le hubiera contado que se sentía solo, si hubiese pedido un gesto, si se hubiese quitado la capa de serenidad o resistencia con que parece enmascarar su dolor, ¿no podemos imaginar en el padre una respuesta como esta: «Hijo, ¿no quererte yo? Te quiero tanto que te quiero siempre»?. Y en ese diálogo, en esa pregunta herida y en esa respuesta hecha ternura, en esa fragilidad vulnerable, el hijo mayor hubiera encontrado la fiesta que creyó que le estaba negada.

Hay miedo a mostrarnos vulnerables, o demasiado complejo de héroe en nuestro mundo. Mucha gente que siempre parece dispuesta a ayudar –lo que no es malo– pero nunca parece preparada para dejarse ayudar –lo que no es bueno–. Creo que el mundo no se divide en salvadores y víctimas. Todos tenemos que extender dos manos, una para ofrecer y otra para pedir. Demasiadas veces la ayuda se convierte en una relación, no solo asimétrica, que eso a veces es inevitable, sino unidireccional, que eso ya es un poco peor.

El gesto del hijo pródigo, al echarse a los brazos del padre y reconocer su error y su necesidad de acogida y refugio, es valiente. Y es un gesto que lo honra. Creo que este muchacho puede terminar convirtiéndose en un buen maestro para cualquiera de nosotros, en esos momentos en los que te encierras en ti mismo a la hora de la dificultad y te parece que no merece la pena compartir tus tormentas o tus heridas, como si el mundo solo te necesitase siempre ileso e invulnerable. La gente que te quiere también te necesita frágil, y con tus límites; solo necesita que confíes, que les dejes echarte una mano, que permitas que compartan alguno de tus desvelos, de tus tormentas y tus problemas. Y a menudo, en ese compartir, no es que las cosas se solucionen –a veces no será tan fácil– pero sí puede ocurrir que la carga, compartida, se vuelva más liviana; que el otro te muestre lo que ves tan dramático como parte de un cuadro más amplio, te dé un abrazo que valga más que mil palabras, o te ayude a reírte de ti mismo. Todo eso ocurre cuando la derrota, en vez de convertirse en puerta cerrada desde dentro, la convertimos en intemperie abierta al prójimo.

11

Eres hermoso

En innumerables relatos evangélicos vemos a Jesús pasar por su tierra y por su historia acercándose a los intocables. Intocables, no en el sentido de esas personas que, por una especial situación de privilegio, se saben a salvo de cualquier ataque –como ocurre, por ejemplo, cuando se habla del jugador que para un entrenador es intocable, o de la persona que se blinda para sortear la ley detrás de un muro de abogados y millones–. Aquí «intocables» se emplea en el sentido literal del término: personas a las que se quiere mantener alejadas. Con las que se espera que no haya contacto ni roce, por los motivos que sean. Convertirse en un intocable, en esta acepción, viene a ser más bien convertirse en un paria, en un marginado.

Los intocables con los que se va encontrando Jesús son todo tipo de enfermos y pecadores, pero quizás los que mejor personifican esa exclusión son los leprosos. Los leprosos, en aquel contexto, eran los alejados por antonomasia. Tenían que acercarse a los lugares haciendo ruido y debían descubrir su presencia, para dar tiempo a la gente a marcharse, para que no tuvieran contacto con ellos. Vivían alejados de las ciudades. La mirada religiosa, que vinculaba las circunstancias de su vida con una decisión explícita de Dios, señalaba que la enfermedad solo podía ser consecuencia de alguna conducta merecedora de castigo. O del enfermo o de las generaciones anteriores a él. En todo caso, no había ni salvación ni clemencia con alguien en esa situación.

Y, sin embargo, advertimos una y otra vez cómo Jesús, en sus encuentros con leprosos, hace lo más transgresor, que es tocarlos. Y con ello le da la vuelta a todo un orden establecido. Hay caricias que se vuelven revolución silenciosa. Las de Jesús lo eran. Por eso, entre otras cosas, resultó tan conflictivo para los guardianes de las esencias de su tiempo.

¿Cuál es el mensaje que está dando Jesús en esos encuentros a cada persona? En el fondo es solo uno: «No eres intocable». Al contrario, eres digno de caricia y respeto, de reconocimiento y nuevas oportunidades; tú vales, y puedes encontrar tu lugar. La sanación entonces no se convierte en negación de la persona que se era antes, sino en abrazo de esa persona tal y como es, pero también en expresión de un crecimiento y cambio que forma parte de todas las vidas.

La sensación de no ser queridos, de no valer, de tener que amoldarse a las exigencias de un grupo o de un mundo que tiene determinados valores y excluye otros, está en la raíz de muchas de las soledades contemporáneas. Por ejemplo, a muchas personas las martiriza la presión por la imagen. No por cualquier tipo de imagen, sino por entrar dentro de unos parámetros determinados, donde la juventud, la belleza y la delgadez se identifican como algo bueno y la vejez, la fealdad (o ni siquiera eso, más bien la normalidad) y la gordura inmediatamente se estigmatizan como algo indeseable. La inseguridad por no entrar dentro de los cánones, el miedo al rechazo, el disgusto con el propio cuerpo se vuelven batalla que a muchas personas bloquea y deja devastadas. Y quien dice imagen, dice también otro tipo de exigencias: entrar dentro de determinados estándares económicos para no sentirse menos que otros; el pensamiento único dentro de cualquier grupo –ya sea ideológico, político, religioso–, que muchas veces no es tanto una fidelidad a las convicciones que inspiran a dicho grupo cuanto el imperativo de compartir una única forma de interpretar los conflictos y los problemas; encajar en una moda… Cualquier cosa, con tal de no parecer asocial, mal integrado o ser etiquetado como raro.

Hay una doble tentación cuando uno se siente así. Por una parte, cabe aceptarlo desde la sensación de que es algo merecido. Entonces, crees que mereces ese ostracismo, esa separación, ese rechazo. Entonces te dices que la culpa es tuya, y dejas de intentar salir de la burbuja en la que otros te han encerrado. Esa primera tentación es la rendición. La segunda es la evasión. Tratar de encontrar atajos o mentiras que enmascaren lo que vives, lo que sientes o lo que eres. Frente a ello, aceptar y comprender la verdad de las personas es lo que nos abre al encuentro.

Me gustaría compartir dos historias que lo reflejan muy bien. Dos fábulas contemporáneas que nos ha ofrecido el cine (en largo y cortometraje) en las últimas décadas, y que pueden convertirse en un canto de libertad, porque también muestran que hay salida. La música que rompe ese ostracismo al que se somete a algunas personas que parecen no encajar es la de un amor incondicional que aprende a ver lo bueno de cada persona. Eso es lo que hacía Jesús con aquellos a quienes abría sus brazos y su buena noticia. Y esa aceptación es una actitud que se puede convertir, también en nuestro mundo, en música.

La primera historia es un cortometraje fascinante. Se llama *El circo de la mariposa*[26]. Estamos en la década de 1930, en Estados Unidos. La Gran Depresión ha dejado un país triste, y la vida en el mundo rural es áspera y gris. Will es un hombre sin piernas ni brazos –excelente Nick Vujicic, el actor que tiene esa misma condición– exhibido en un circo ambulante como la atracción principal en la barraca de los horrores, junto a la mujer barbuda, el hombre tatuado u otras personas con situaciones infrecuentes. La gente se burla de él con dureza, no sabemos desde hace cuánto tiempo. Tanto que ya ha interiorizado que es un monstruo, una aberración, alguien que, por lo que sea, merece ser así.

Un día a esa barraca llega un hombre enigmático que, al acabar la función, se queda un momento con Will. Entonces se agacha ante él y, acercando mucho su rostro al del lisiado, le dice con suavidad: «Eres hermoso». La respuesta fulminante de Will es escupirle a la cara, sintiendo que quizás esa burla sea más dolorosa que los tomatazos que habitualmente tiene que sufrir. Will ha interiorizado que es grotesco, un engendro, que es feo. ¿Quién puede llamarlo hermoso con ese cuerpo mutilado? No es verdad. ¿O sí?

El hombre tatuado, que ha visto toda la escena, le dice a Will, cuando el hombre se marcha: «¿Sabes a quién has escupido? Es Méndez, el director del Circo de la Mariposa»

---

[26] J. WEIGEL (director), *The Butterfly Circus*, Estados Unidos (2009), http://bit.ly/2wZSBK3.

(y ahí el espectador tiene que suponer que dicho circo es conocido por todos ellos, y que por alguna razón tiene resonancias que lo hacen especial). Lo siguiente que vemos es que Will ha conseguido que alguien lo suba a uno de los camiones del Circo de la Mariposa, y cuando su peculiar *troupe* lo descubre, lo integran como uno de ellos. Pero sin excesivas contemplaciones. Ciertamente no lo humillan, como ocurría antes, pero tampoco quieren tenerlo entre algodones. Es uno más. Poco a poco va comprendiendo Will que Méndez ha ido rescatando de situaciones desesperadas a quienes actúan en este circo, aprendiendo a ver en ellos lo que nadie más veía. Y ayudándolos a descubrirlo. Y así, ha sacado del arroyo a la prostituta, del abandono al anciano, o de la violencia al alcohólico. Sin embargo, ¿qué puede ser especial, único o hermoso en el propio Will? No termina de encontrar su lugar, y se pregunta si de verdad puede haber sitio para él en este circo, o si solo va a ser una carga. Hasta que un día, en el río, Méndez lo empuja a arriesgar; lo anima para que cruce el río él solo por un tramo de piedras, y Will termina cayendo al agua. En ese momento descubre que él, que no puede caminar, sin embargo, sí puede nadar; que su cuerpo responde en el agua. Que ahí se siente diferente, único, distinto.

El circo vuelve a actuar. El número principal tiene a todo el mundo con el alma en vilo. En el centro de la pista hay una pequeña piscina. Junto a ella, un poste que sube hasta casi perderse de vista en lo más alto de la lona. Y allá arriba, moviéndose por un trampolín, avanza Will. Entonces, desde esa altura de vértigo, salta. Y cae limpiamente en el agua, que lo abraza y mantiene a flote. El circo estalla en ovaciones. Más tarde, entre los muchos espectadores que quieren hablar con él y felicitarlo, una mujer se acerca a Will. Con ella viene un niño pequeño, al que le falta una pierna y que camina con dificultad ayudándose en dos muletas. El niño, sin palabras, se abraza a Will. La mujer articula un «Gracias» y el espectador comprende que, viendo a Will, este niño ha recuperado la esperanza, y la conciencia de su hermosura distinta.

Esta es la música de la belleza única de cada vida. Hay un reto para cada uno de nosotros, que es aprender a mirar, y a mirarnos, de una forma diferente.

El segundo relato es de una película australiana, llamada *La boda de Muriel*[27]. Podría parecer una historia adolescente más sobre un grupo de amigas y los conflictos entre ellas, pero en realidad es una verdadera tesis sobre la aceptación, la presión de grupo, la dificultad para encajar y la posibilidad de encontrar el propio lugar en el mundo.

Muriel es una chica que vive en un aburrido pueblo, Porpoise Spit. Su padre es un político ambicioso que no soporta a ninguno de sus hijos, a los que considera fracasados y holgazanes. Su madre es una mujer anulada y siempre callada. Sus amigas son guapas, populares, rubias y están a la última en música y moda. Ella es gorda, se siente fea, y solo encuentra alivio en las canciones de Abba. Su sueño es triunfar. Pero ¿en qué consiste triunfar? En ser como las demás. En ser admitida en el grupo. Se intenta engañar, queriendo pensar que está integrada, hasta que, en un momento de cruel sinceridad, sus amigas

---

[27] M. D. AGLION y L. HOUSE (productores) y P. J. HOGAN (director), *Muriel's Wedding*, Australia: Film Victoria (1994).

la expulsan del grupo. «Eres fea», «Estás gorda», «No eres popular», «¡Y escuchas música de Abba!», le van espetando, con implacable contundencia, para hacerle ver que su sitio no está entre ellas.

A partir de ese momento, Muriel empieza un camino con la única intención de triunfar. Pero para ella triunfar es volver a encajar con esas chicas. Se cambia de nombre (porque odia a Muriel) y se hace llamar Mariel. Se escapa a Sidney. Lo curioso es que se va rodeando de gente que sí parece quererla de verdad: una amiga (Rhonda) y un medio novio (Brice), que sí la aprecian tal y como es. Sin embargo, en su deseo de triunfar, Mariel acepta embarcarse en una boda de conveniencia con un rico nadador sudafricano que necesita casarse con una mujer australiana para poder competir en los Juegos Olímpicos.

La boda de ensueño –que da nombre a la película– se convertirá en un cruce de caminos en el que confluyen dos lógicas (y dos músicas) distintas. Las amigas frívolas han vuelto, entusiasmadas por la idea de popularidad, riqueza y la perspectiva de aparecer en las revistas como amigas de Mariel. El padre –del brazo de su nueva pareja– disfruta de la popularidad que le da aparecer como padrino. Todos los que aplauden, adulan y jalean a esta irreal Mariel están contribuyendo al juego de la mentira. Mientras tanto, en medio de esa enorme impostura, las tres personas que de verdad la quieren se sienten apartadas y heridas: su madre, que ha llegado tras recorrer miles de kilómetros en autobús y que, una vez más, es ignorada por todos; Rhonda, ahora enferma, que ve cómo su amiga se va; y Brice, de verdad enamorado de ella, y sin embargo apartado por esa boda de conveniencia y mentira.

¿Descubrirá Muriel dónde está la verdadera amistad? ¿Será capaz de dejar de mentir? ¿Quién vencerá en este duelo, la Mariel de popularidad ficticia o la Muriel de la música de Abba?

Sin destripar el final de la película, creo que la clave para comprender aquí dónde está la libertad es aprender de lo que le ocurre a esa Muriel acomplejada e insegura. ¡Cuántas veces uno quiere vivir para otros! Para lo que digan, para lo que exijan, para lo que aplaudan, para lo que busquen. Y, si la propia verdad no resulta atractiva, entonces hay la tentación de enmascararla, de ofrecer otra versión de uno mismo, de cambiar para responder a las expectativas. La trampa es que terminas entrando en una dinámica en la que el engaño (a veces autoengaño) te encierra tras muros de inseguridad y de dependencia de la aprobación ajena. Y lo trágico es que, demasiadas veces, uno termina mendigando el amor de quien te exige ser diferente, mientras no te das cuenta del amor verdadero de quien te quiere como sí eres.

La música aquí se sintetiza en aquella frase: «Eres hermoso». Todos necesitamos, alguna vez, que alguien nos ayude a descubrir esa verdad, tan simple y tan definitiva. Cada uno de nosotros somos únicos, diferentes, excepcionales. Sería muy triste un mundo, una sociedad o una comunidad en la que todas las personas estuvieran cortadas por el mismo patrón, hechas a la misma medida, encajando en los mismos moldes.

12

Los zapatos del otro. Juicios y prejuicios

Si fuéramos capaces de ponernos más a menudo en la piel del otro o, como dicen los ingleses, en los zapatos del otro, ¡qué distintas serían algunas dinámicas y relaciones personales!

Una escena del Evangelio puede enseñarnos lo que es vivir juzgando al otro a demasiada distancia. Una mujer ha sido sorprendida en adulterio y la traen a presencia de Jesús, deseando ver qué dice el maestro. Los hombres la rodean, expectantes, dispuestos a acribillarla a pedradas, como manda la ley. Porque es culpable. Porque ha engañado a su marido. Porque ha incumplido los códigos de conducta que se esperan de ella. Podemos imaginar los comentarios por lo bajo, una sucesión de frases condenatorias del tipo «Le está bien empleado», «Que lo hubiera pensado antes», «Se lo merece, por sinvergüenza» (y donde dice sinvergüenza caben otra serie de calificativos mucho menos amables), «Si es que ya no hay decencia». En fin, lo que parece claro es que entre esta mujer y sus acusadores se ha levantado un muro infranqueable. Un muro hecho de una mezcla de juicio y de falta de empatía. Ellos, los puros, los perfectos, los cumplidores, se sienten jueces y verdugos de esa esposa infiel. Solo les queda esperar a que Jesús ratifique la condena para ejecutarla. Las manos están ya llenas de piedras.

Entonces, Jesús los descoloca con una sola frase: «El que esté libre de pecado, que tire la primera piedra». Es decir, ¿se os ha ocurrido pensar en las similitudes de vuestra vida con la de esta mujer que arrojáis a mis pies? –parece decir Jesús–. Y en cuanto lo piensan un poco despacio, se dan cuenta de que tiene razón. ¿Quién no ha transgredido alguna vez lo que le parecía intocable? ¿Quién no ha fallado a la gente a la que quería? ¿Quién no se ha sentido en la tesitura de tener que pedir perdón, porque ya no hay vuelta atrás en algún paso mal dado? La distancia ahora se vuelve proximidad y las piedras caen de las manos, mientras los hombres, empezando por los más ancianos, se alejan.

Ponerse en el lugar del otro, y aprender a reconocerse, es un camino para un encuentro diferente. Pero no es nada fácil. Es más fácil interpretar, juzgar y rechazar desde una distancia aséptica que aprender a descubrirse uno mismo en las muchas cosas que condena en los demás.

Pensemos, por ejemplo, en el mundo de la política. Demasiadas veces vemos cómo los portavoces de un partido –sea el que sea– critican, con acidez, contradicciones o inconsistencias de los rivales, pero se niegan a ejercer la más mínima autocrítica en asuntos donde ellos pecan de idénticas fragilidades. Y, en muchos casos, no es por hipocresía, sino por la demasiado frecuente capacidad para ver la paja en el ojo ajeno e ignorar la viga en el propio. Y así, entre unos y otros se va levantando un muro de juicio y condena, cuando lo más honesto –y productivo– sería que fueran capaces de ser mucho más transparentes sobre las dificultades propias y ajenas a la hora de lidiar con la corrupción, de evitar las trampas del mundo público, etc. Pero, desgraciadamente, la política, en democracia, no es una reflexión compartida sobre la verdad posible, sino un combate despiadado para captar votos desde la apariencia.

Muchas veces me ha ocurrido tener que acompañar a personas que están pasando por alguna situación de conflicto: familias enfrentadas, amigos separados por algún incidente en el que ninguno parece tener la culpa, trabajadores que se sienten ahogados en su lugar de trabajo, religiosos que viven conflictos en su comunidad con verdadero dolor. Es frecuente que, cuando tienes la oportunidad de escuchar a las dos partes, en cualquiera de esas discusiones, te asalte una certidumbre: si cada uno fuera capaz de ponerse en el lugar del otro y pudiera, por un solo instante, entender sus circunstancias, sus motivos, y cómo está viviendo el otro lo que ocurre, tal vez no se solucionaría todo, pero, al menos, los muros que existen se empezarían a resquebrajar.

Ha ganado cierta popularidad en Estados Unidos y en las redes sociales el juez Frank Caprio, definido por algunos medios como «el juez más justo del mundo». Sin entrar en esas definiciones, probablemente excesivas, digamos que el juez Caprio ha conseguido conmover a la gente por su manera de dirigir las sesiones en el tribunal que preside. Es verdad que son juicios cotidianos, por infracciones menores. Pero su manera de dirigirse a las personas, su empatía al tratar de entender sus circunstancias y de resolver los casos que le toca juzgar lo han convertido en alguien popular y ejemplar. Hace ya veinte años que su hermano empezó a filmar estos juicios, para mostrar cómo un tribunal puede convertirse en lugar de encuentro, y no solo de exigencia y distancia. Hoy en día, dichos vídeos se han convertido en un programa documental, *Caught in Providence*, con fuerte implantación en las redes sociales, donde el espectador puede descubrir la forma tan humana que este juez tiene de tratar al prójimo[28].

Sería tan necesario aprender a ponernos en el lugar del otro... en vez de dividir el mundo en buenos y malos. La tentación del maniqueísmo es atroz. Cuando divides el mundo entre buenos y malos, puros e impuros, míos y ajenos, lo que consigues es dibujar escenarios nítidos, líneas divisorias inamovibles, y llenarte las manos de piedras para arrojarlas al que piensa distinto, opina lo contrario o actúa de una forma diferente. Pero cuando nos damos tiempo para el matiz, para la escucha y para encontrar las similitudes entre lo propio y lo ajeno, ahí estamos construyendo un suelo donde se pueden sembrar encuentros.

Si el juicio es lo que está detrás de aquellos hombres, dispuestos a apedrear a la adúltera, el prejuicio es lo que aparece en el Evangelio una y mil veces, cuando a una persona se la define por una etiqueta sin darle ninguna posibilidad de mostrar su peculiaridad, su riqueza y su hondura. Etiquetas evangélicas hay muchas: los romanos, los publicanos, las samaritanas, los recaudadores,

---

[28] Los vídeos se encuentran en múltiples redes y formatos, pero proponemos aquí el canal de YouTube donde se pueden ver episodios distintos, todos ellos unidos por el vínculo común de la compasión, el sentido común y la capacidad de atender a las personas en sus circunstancias concretas: http://bit.ly/2enoXUw.

las prostitutas, los leprosos, los pastores, los galileos, la gente de Nazaret... Una y otra vez vemos cómo la manera de actuar de Jesús es romper con las preconcepciones que definen un mundo. Porque cuando el mundo se define por etiquetas y no somos capaces de ir más allá, estamos perdidos. Sin embargo, ¡qué fácil es etiquetar! Es más, en ocasiones es necesario, porque las etiquetas nos permiten ubicarnos entre la gente, nos enseñan a interpretar lo que ocurre, pueden funcionar como un mapa en la vida social.

El problema es funcionar solo y completamente por etiquetas. Dividimos el mundo y empezamos a dispensar carnés de amigos y enemigos, en función de las propias vivencias, sensibilidades o educación. Y así, se van poblando nuestros espacios vitales de calificativos. Hace tiempo escribía en otro lugar algo que creo que puede ser muy pertinente recuperar en este punto:

«Vamos a jugar a desmontar generalizaciones. No todos los de derechas son fachas. Ni los de izquierdas, perroflautas o pesebreros. Ser funcionario no es automáticamente signo de trabajar poco. No todos los andaluces viven del Estado. Ni todos los curas son pederastas. Ni todos los obispos son carcas. No todos los políticos son corruptos. No todos los sindicalistas son unos jetas. No todos los catalanes son tacaños. No todos los de tu partido son honrados y los otros, impresentables. No todos los gais son promiscuos. Ni son todos sensibles y nobles. No todas las decisiones del partido con el que simpatizas son correctas y oportunas, y todas las del partido que te revienta son idioteces. Los jóvenes, por el mero hecho de serlo, no son más solidarios, comprometidos o generosos que los mayores. Por la misma razón, tampoco son más flojos, más frívolos o más superficiales. No todos los madrileños son castizos. No todos los empresarios son explotadores, ni todos los trabajadores son víctimas de un sistema clasista, del mismo modo que no todos los empresarios son dinámicos creadores de empleo ni todos los asalariados son vagos preocupados por su propia holganza. No todos los espectadores son tontos. Las rubias tampoco son tontas (de hecho, muchas rubias no son realmente rubias). No todos los asturianos son afables, ni todos los pucelanos son fríos.

¡No a las etiquetas! ¡A los prejuicios y diagnósticos simplones! Que la vida es sutil, compleja, y las personas somos diferentes y llenas de peculiaridades»[29].

Si fuéramos capaces de descubrir, una vez más, que el otro es otro, pero también que nos parecemos mucho más de lo que nos ignoramos, habría muchas más posibilidades de encontrarnos. Es mucho más tentador construir barreras y encerrarse en un fuerte, desde el que tirar piedras al otro, que tratar de entender sus motivos, su perspectiva y lo que en realidad nos une. Pero cuando logramos salir de esa dinámica de exclusiones, juicios y prejuicios, ¡qué llena de posibilidades está la música de los encuentros! Encuentros con quien piensa distinto, con quien se expresa en otras categorías, con quien argumenta desde otros puntos de vista, con quien tiene otras vivencias, otras miradas... Esos encuentros tienen la ventaja de hacernos bailar desde la diferencia, y no solo desde una monotonía inapelable y gris.

---

[29] J. M. RODRÍGUEZ OLAIZOLA, *Mosaico humano,* Sal Terrae, Santander 2015, 33.

13

Hay que empezar a tomarse en serio a sí mismo

El rencor y la culpa son dos compañeros de viaje incómodos. De esos que aíslan mucho. Son como dos extremos del mismo viaje, el que se recorre cuando se hace daño a alguien. Entonces, puede ocurrir que víctima o agresor queden marcados por lo ocurrido. La víctima, encerrada en la prisión del rencor. El agresor, si llega a darse cuenta y lamenta lo que ha hecho, en la prisión de la culpa.

Una de las escenas más conmovedoras en el Evangelio es la de las lágrimas de Pedro en la madrugada del Viernes Santo. Pedro acaba de fallar estrepitosamente a su mejor amigo, a su maestro, a quien había jurado proteger con su vida, si hiciera falta. Pero, llegada la hora de la verdad, le han podido el miedo y la tensión, y cada vez que alguien le ha exigido dar un paso al frente, para ponerse de parte de ese Jesús acusado y juzgado, ha negado tener nada que ver con el galileo.

Incluso, en una de las versiones de esta noche aciaga, hay un instante en el que se cruzan las miradas de ambos, Jesús y Pedro, en un mudo momento de reconocimiento y verdad desnuda. Cuando, poco después, canta el gallo y Pedro cae en la cuenta del alcance de su traición, ya anunciada por Jesús unas horas antes, llora. Llora con dolor, con desgarro, con lamento. Llora con culpa. Llora solo, como se lloran las lágrimas más amargas, las más avergonzadas, las más incontenibles.

La soledad de la culpa es muy dura. Porque nace de una fragilidad que queda al desnudo. Y nace de la experiencia de haber fallado. Haber fallado a Dios, haberse fallado uno a sí mismo y haber fallado a alguien a quien querías. Quizás esta última sea la que causa más desasosiego. Lo que cae sobre uno mismo duele, pero de algún modo te dices que no queda otra, que tienes que vivir con ello, que lo aceptas. De Dios, aun con toda nuestra contradicción y tormenta, reconocemos que es un Dios de misericordia y aprendemos a confiar en que, contra viento y marea, pese a deserciones y abandonos, pese a todo el dolor que nuestros actos hayan podido causarle, su mano sigue tendida. Pero ¿y aquellos a quienes fallamos, pese a amarlos? ¡Qué dolor tan enorme haberles hecho daño, haberlos defraudado, no haber estado a la altura de las expectativas, de las promesas hechas, o de lo que quizás ellos hubieran deseado!

La culpa es fuente de tormento, de noches en vela; de dar vueltas, en la memoria y en el deseo, a lo que hubiera podido ser de otra manera. Te paraliza y te inquieta. Te puede llevar hasta la extenuación. Te enfrenta con el intento de rectificar, de arreglar las cosas, de inventar nuevos caminos...

Si el agresor puede sentir la soledad de la culpa, igual de dolorosa –o quizá más– es la soledad del rencor, que en ocasiones envuelve a quien ha sido agredido. No es fácil cargar con el peso de algunas situaciones en que las personas sufren a manos de otros. Nuestro mundo es hoy un lugar donde se producen muchos abusos y violencias, y por eso no debemos hablar demasiado alegremente del perdón, sin tener en cuenta las heridas que algunas conductas dejan en otros: la violencia, el rechazo, los abusos de todo tipo, la exclusión, la traición, la mentira, la indiferencia, la explotación... Todo eso ocurre en nuestro mundo. Y deja a personas golpeadas y heridas.

El que se siente víctima y está herido por algún ataque, ofensa, agravio o decepción, a veces queda preso de la jaula del odio. El rencor te puede dar fuerzas para salir adelante, incluso para perseguir la venganza, pero, mucho más a menudo, te desgasta por dentro. Te encierra en una prisión de memorias heridas, donde, aun sin quererlo, le terminas dando a tu agresor o verdugo una última victoria, la de encerrarte en la celda del despecho y la amargura. Y es una verdadera celda, porque en ella terminas convirtiendo en el centro de tu mundo justo a esa persona o personas a las que quizás deberías olvidar. También es muy solitaria la vida desde el rencor.

Para ambos, culpa y rencor, la música que lo cambia todo es la del perdón. El perdón es una mirada capaz de ir más allá del odio y de la culpa. Perdón que se pide, o perdón que se otorga. No es una música fácil. Es delicada, sutil y compleja. Pero es posible.

A veces, en testimonios de insondable belleza, algunas personas nos demuestran que se puede afrontar la tormenta de maneras insospechadas. Y entonces, su palabra se vuelve poesía y motivo de esperanza.

Algo así ocurre cuando uno tiene la oportunidad de asomarse al mundo interior de Etty Hillesum. Imagina a esta mujer. Viviendo el infierno del nazismo como judía. Pasó sus últimos años en un campo de transición hacia el este de Europa. Sabiendo que lo más probable era que acabase subida en uno de aquellos trenes que se iban llenos y volvían vacíos, siempre vacíos –de hecho, murió en Auschwitz–. Sufriendo los desplantes de miembros de la Gestapo. Escuchando a otros judíos lamentarse y convertir la queja en afán de venganza. Y, sin embargo, ella, desde una profunda pasión por la vida y una comunión universal con la humanidad, llega a formular, en sus cartas y su diario, la esencia del perdón. Es la suya una libertad que empieza a brotar desde el interior de las personas, cuando estas descubren, dentro de sí, las fuerzas, la esperanza y la grandeza de espíritu necesarias para no sucumbir al odio. Y así, nos demuestran que es posible.

> «Es verdad que uno puede estar a veces triste y deprimido por todo lo que nos han hecho; es humano y comprensible. A pesar de eso: el robo más grande contra nosotros lo cometemos nosotros mismos. La vida me parece bonita y me siento libre. El cielo se extiende ampliamente tanto dentro de mí como sobre mí. Creo en Dios y creo en la gente, y me atrevo a decirlo sin ninguna vergüenza. La vida es dura, pero eso no es grave. Hay que empezar a tomarse en serio a sí mismo, y lo demás viene por sí solo. Y lo de "trabajar por uno mismo" realmente no es un individualismo enfermizo. La paz solo puede convertirse en una paz real más adelante, cuando cada individuo la encuentre en sí mismo, extermine y venza el odio hacia los demás, da igual de qué raza o pueblo, y lo transforme en algo que ya no sea odio, sino tal vez incluso amor. Pero

probablemente eso sea exigir demasiado. Y aun así, es la única solución»[30].

«Hay que empezar a tomarse en serio a sí mismo», dice Etty. ¿Es eso un alarde de autosuficiencia? ¿Es que el perdón no se aprende, también, en Dios? ¿Es que no importan los otros, ya sean verdugos o víctimas, cuando estamos hablando precisamente de conflictos que dejan a alguien herido?

Creo que hay que entender bien lo que plantea esta mujer, apasionada y brillante. El suyo es un cambio de perspectiva. Un reconocimiento de que cada persona tiene dentro un mundo, y una llamada a rescatar la radical dignidad que cada uno atesoramos a la hora de dar un primer paso. Dignidad que en ocasiones nos permitirá perdonar y seguir caminando; y en otras ocasiones nos enseñará a pedir perdón –y aceptar que nos lo puedan conceder, o que no nos lo den–.

A veces la soledad del rencor y de la culpa es la existencia de un abismo que nos rodea. Un abismo causado por el habernos fallado y defraudado unos a otros. Un abismo hecho de reproches, o de miedo. Pues bien, tomarse en serio a uno mismo es descubrir que el puente para salvar ese abismo lo tenemos cada uno dentro. En nuestra mano está tenderlo o no. Y está cruzarlo o no. En la dirección del agresor, o en la de la víctima (depende de quién seamos); o incluso en otras direcciones, tomando distancia para poder seguir caminando sin quedar atrapados en la hondura de una memoria aciaga.

---

[30] E. HILLESUM, *Diario: una vida conmocionada*, Anthropos, Barcelona 2007, 107.

Cuando hablamos de las víctimas de cualquier herida, esas que podrían tener mil motivos para hacer del odio o el rencor su lógica, ¿qué es, para ellos, tomarse en serio a uno mismo? Es no darle tanto poder a tu agresor que le dejes una última llave, la de su arrepentimiento, con la que poder mantenerte cautivo. Tal vez no se arrepienta, ni se dé cuenta de lo que te ha hecho. Pero tu dignidad no depende de su lamento. Tomarse en serio es recordar que, en la ofensa, la indignidad es la de quien agrede, abusa o golpea al inocente, no la de quien es agredido. «Padre, perdónalos porque no saben lo que hacen» sería la mejor expresión de esa libertad. Y es creer, también, que tus heridas pueden cicatrizar. Es aceptar que siempre puedes pasar del rencor a la indiferencia, de la indiferencia al perdón, y desde el perdón abrirte al futuro.

Cuando, en el extremo opuesto, hablamos de quien vive preso de la culpa, ¿qué es tomarse en serio a uno mismo? Es darse permiso para seguir adelante, más allá de la rendición o el fracaso que uno experimenta al tener que lidiar con su mediocridad. Es aceptar la propia debilidad. No es la aceptación despreocupada de quien todo lo justifica con el argumento de que somos frágiles. Más bien es la aceptación vulnerable de quien se atreve a mirarse al espejo, aunque no le guste lo que ve. Tomarse en serio a uno mismo es atreverse a pedir perdón, pero aceptando que puedan no dártelo. Y es creer, de verdad, que puedes ser mejor si llegas a convertir tu arrepentimiento en memoria viva que sea escuela en otras situaciones.

Me gusta imaginar el baile, en este caso, como el baile de un solista en un escenario vacío. Todos los demás personajes han desaparecido. Un cuerpo está inmóvil en el suelo

–bloqueado por sus propios errores, o por heridas que alguien le ha infligido–. Al principio no hay ni un ligero movimiento. Todo es pesadez. Podría parecer que quien así yace está esperando que venga alguien a levantarlo. Pero nadie aparece. Sin embargo, al fin empieza a moverse. Una mano se eleva, un brazo vuela, se yergue el torso y empieza el baile, primero vacilante y luego intenso.

La victoria ha de encontrarse en uno mismo, en esa fuerza –desde la fe hablaremos del Espíritu– que muy dentro enciende un fuego. No se nos puede exigir el perdón ni obligar a perdonar. Pero cuando dejamos que aflore ese espíritu de concordia, de reconciliación o de perdón (a nosotros mismos o a otros) nos convertimos en imagen brillante del Dios de los encuentros.

14

Bailar con la muerte

El mismo título de este capítulo puede resultar chocante. Porque a la muerte nos la representamos –cuando lo hacemos– como ese esqueleto encapuchado y portador de una guadaña que, cuando aparece, solo viene para generar desolación y pérdida. Pero no es necesariamente así. Ya hablamos, en el capítulo sexto, de la herida de la muerte, de su ocultamiento en el mundo contemporáneo y de cómo, a fuerza de silenciarla, termina irrumpiendo con más estruendo cuando llega, sobre todo si es inesperada o prematura.

Me gusta pensar que, en su manera de ser persona, el mismo Dios no se libró de la muerte (y una muerte de cruz). En esa experiencia, universal y definitiva, se puso en juego todo lo más frágil y vulnerable del propio Jesús, y sus amigos tuvieron que aceptarlo, por más que se hubieran resistido a ello. Y, si bien es verdad que la fe nos abre a la resurrección, no es menos verdad que en un primer momento hay que procesarla y lidiar con ella en la oscuridad, en la desesperación, y en ese Sábado Santo en el que parece que todo ha quedado definitivamente sellado con una losa. Muchas veces también a nosotros nos tocará atravesar ese tiempo de incertidumbre y no saber, aunque podamos vivir abiertos a la esperanza.

¿Qué significa bailar con la muerte? Es aprender a mirarla no como a una enemiga, sino como a una compañera de viaje, que a todos, alguna vez, nos saldrá al camino. Una presencia familiar que, en su aparición periódica en la vida, se convierte en maestra.

Recuerdo a unas parientes mayores de mi abuela, que bromeaban mucho mientras leían las esquelas de los difuntos en el periódico. No es que fueran unas brujas insensibles. Más bien creo que habían vivido en un contexto que les había hecho sonreír a la muerte como esa compañera de camino que ya les era familiar. Habían perdido gente en su vida, en la guerra civil, en los años difíciles de la posguerra en España... Sabían que nuestro tiempo es prestado. Y, al conocer a muchas de las personas cuyos nombres aparecían en las esquelas, la memoria de lo compartido con ellas era lo que despertaba un tono risueño. La muerte, en este caso, no era ni tragedia ni inconveniente, sino un recordatorio para agradecer la vida que había quedado atrás.

Y es que la muerte, cuando la miramos con serenidad, nos enseña muchas cosas. Nos enseña a valorar la vida como un don maravilloso. A celebrar cada día como un regalo. A apreciar el tiempo que podemos compartir con nuestros seres queridos. A no dejar palabras sin decir. A no considerar problema muchas cuestiones que realmente no lo son. También nos enseña que las lágrimas son parte del amor, y que no hay que tener miedo a llorar a los que queremos –porque lo triste sería no sentir su partida–. Nos empuja a comprender que, aunque perdamos a quienes ya no están, no perdemos su memoria, ni los momentos compartidos, ni lo que construimos juntos. Eso es parte del equipaje vital que nunca nadie podrá arrebatarnos.

También nos enseña a mirar de manera diferente a quienes tenemos cerca. Porque, junto a la conciencia de que hay alguien ausente, tenemos también la experiencia de que los que quedamos detrás nos necesitamos. Tal vez a quien ha muerto ya no nos queda más que rezar y despedirlo. Pero la vida sigue. Y otros encuentros. Y otras historias. Y otros nombres. Que se van dando paso unos a otros en la historia.

Hace unos días aparecía en la prensa el dato curioso de que, de acuerdo con algunos registros, el hombre más anciano del mundo en este momento (agosto de 2017) tiene 112 años y es extremeño. Esto invita a percibir cómo en el mundo nos vamos dando el relevo. ¿Pensará este hombre, alguna vez, que todos los que vivían en el mundo en el momento en que él nació ya han dado ese último paso? Habrá un día en que todos los que ahora poblamos el planeta hayamos desaparecido. Pero seguirá la vida, y la historia, y el talento, y el ingenio... La vida es como una carrera en la que nos vamos dando el relevo en la historia, y quizás ese relevo tiene un momento definitivo con la muerte. Eso también es baile. Construimos, amamos, escribimos, cantamos, sembramos, recogemos, imaginamos, pero al final tenemos que dejar que otros continúen. Ese sentirse parte de una corriente mayor, sentirse como una hebra en una cuerda sólida que es la historia del ser humano, es muy liberador.

La muerte nos recuerda, frente a discursos demasiado tramposos de este mundo, que el escenario de nuestra vida es limitado. También nos enseña a pelear por la vida, precisamente al descubrir que no está garantizada nunca. Pelear para que no haya muertes prematuras, innecesarias, inocentes... Claro que habría que intentar evitar muchas muertes que hoy nos estremecen, en tantos lugares de nuestro mundo. Y también hay que seguir confiando en que los médicos e investigadores continúen trabajando para plantar cara a todos esos males que amenazan la vida. Pero no creo que sea para volverla eterna. En todo caso, para que podamos aprovecharla más y mejor.

La muerte nos lleva a preguntarnos por la vida, por su sentido, y por la trascendencia, despertándonos interrogantes que nos empujan a buscar respuestas. Desde la fe, la muerte se abre a la resurrección. Ello no hace menos dolorosas las despedidas, pero sí enciende una esperanza diferente en quien cree en ello.

Al final, llegará ella, con fanfarria o discreta, imprevista o dándonos tiempo para despedirnos. Y la despedida tendrá siempre algo de liturgia, algo de inseguridad y algo de baile.

CUARTA PARTE

Encuentros

Ya estamos preparados para adentrarnos en la tierra de los encuentros. Más allá de los motivos para la soledad, y de la música para bailar con ella. Algo fascinante en el Evangelio es la experiencia constante de la comunidad. Jesús llama a sus discípulos a vivir y trabajar juntos. Los envía siempre con otros. Congrega a su alrededor un grupo de hombres y mujeres, a quienes terminará llamando amigos. Les habla de reunirse en su nombre. Los vincula.

No es la suya una comunidad irreal, bucólica e imposible, de almas puras en sintonía total. Es, más bien, un grupo de personas reales, con todas sus capacidades y sus contradicciones, que se quieren, pero también discuten; que en ocasiones festejan y en otras se enfrentan unos a otros con acritud, peleando por el primer puesto, por el destino del dinero o por la manera de entender su misión. Gente que ha de aprender a tratarse en el roce cotidiano, en las tensiones del día a día, en los momentos de celebración y éxito, pero también en los de fracaso y miedo. Lo bonito es que en ellos pesa más lo que los une que lo que los separa. Cuando, en esos primeros momentos de la Iglesia tambaleante, encontremos a los discípulos de Jesús, aún inseguros y sin saber bien qué hacer, los vemos juntos. En Jerusalén. Escondidos, pero compartiendo el riesgo. Rezando juntos. Escondiéndose juntos. Viviendo juntos. En una casa. Amigos, madre, mujeres que siguen a Jesús… se han convertido en una comunidad.

Creo que la verdadera experiencia de comunidad y de pertenencia es esta de buscar, y a veces encontrar, con otros. Es el tener que ir aprendiendo. No es la de las relaciones que fluyen con constante armonía, sino la de las que a veces fluyen y otras se atascan, pero aprenden a crecer.

Hace unos años arrasó en festivales de todo el mundo la película *La gran belleza*. Se trata de una historia provocadora, capaz de inquietar con su mirada escéptica al ser humano. Una historia de decadencia, nostalgia, banalidad y bellezas atisbadas en algunos momentos de la vida. Arranca la película con un baile en la fiesta de cumpleaños de su protagonista. Esa escena, en una lujosa terraza romana, al ritmo de la música de Raffaella Carrà, consigue plasmar una mezcla de soledades y encuentros[31]. Un desesperado esfuerzo por pertenecer a un grupo, por encontrar un instante de acogida, de aceptación, de sentirse parte de la manada, sazonado con el contrapunto de rostros heridos, figuras silenciosas, momentos de rendición.

Parte de nuestro ser humano es bailar con otros. Y vivir con otros. No somos, en nuestra mayoría, ermitaños dispuestos a alejarnos lo más posible del prójimo. Más bien nos necesitamos, nos buscamos, nos conocemos, nos amamos y a veces nos tememos.

En varias partes del libro he hablado sobre situaciones en las que, por unos u otros motivos, la comunicación se rompe, los vínculos se adelgazan o nuestros caminos no parecen encontrarse.

No es ahora momento de seguir hurgando en las dificultades. Más bien me gustaría señalar las posibilidades.

---

[31] N. Giuliano y F. Cima (productores) y P. Sorrentino (director), *La grande bellezza*, Italia: Medusa Film (2013), http://bit.ly/2f3h8TZ.

Todos podemos formar parte de grupos, de comunidades, de familias, y eso va configurando lo que somos, aunque a veces ni nos demos cuenta. La comunidad empieza donde hay encuentro. Donde dos o más se reconocen, se quieren y se convierten, para los otros, en lugar de fiesta, en refugio, en casa abierta o en hogar.

No quiero poner demasiado alto el listón. No pretendo describir aquí comunidades tan ideales, relaciones tan idílicas, dinámicas tan perfectas, que cualquiera pueda mirar a lo descrito con curiosidad (y si acaso envidia), pero como algo ajeno. Porque la realidad que vivimos día a día no es esa. Nuestras familias a menudo no tienen las conversaciones trascendentales y las confidencias existenciales que vemos en las películas. Nuestras comunidades tampoco son un remanso de paz y de beatífica convivencia. Y en nuestros grupos de amigos hay malentendidos, situaciones difíciles, personas que se fallan o no se comprenden, palabras mal dichas, silencios hirientes… Los matrimonios no son la unión perfecta de dos medias naranjas que encajen tan bien que ya todo, desde entonces, sea compartir el zumo. Y, pese a todo, nos buscamos. Nos necesitamos. Y aprendemos a permanecer juntos. Esos grupos son nuestra raíz, nuestro apoyo, nuestra forma de estar.

Es profundamente humano darse categorías que nos permitan reconocernos. Constantemente estamos agrupándonos. Por afecto, por afinidades, por manera de pensar, por creencias, por ciudadanía, por intereses comunes, hasta por casualidad… El caso es que nos buscamos.

15

La tribu

A veces pienso que cada persona tiene una música. Solo que nos hemos vuelto sordos. Pero está ahí y, si llegamos a escucharla, podemos compartir, juntos, momentos de reconocimiento y encuentro. Y esto no solo con las personas más allegadas. También ocurre con gente que normalmente permanece más a distancia.

A veces nos pasa demasiado desapercibida la cantidad de grupos de los que formamos parte, de vínculos que vamos forjando con otros, y las enormes posibilidades que eso tiene para el encuentro. Repito que no se trata de encuentros idílicos, forjados sobre afinidades imposibles. Son, más bien, encuentros cotidianos, sencillos, quizás hasta efímeros, que se pueden convertir en conversación, risa o baile.

El 11 de julio de 2010 fue muy especial en España. Tras un campeonato intenso, lleno de momentos inolvidables, un gol de Andrés Iniesta al final de la prórroga y de un partido agónico hizo que la selección española de fútbol se proclamase campeona del mundo en Sudáfrica. Por un instante, la gente aparcó todo lo demás. Las calles se llenaron de gente vestida de rojo. Las bocinas atronaban, convirtiéndose en música. Hordas de personas salían en masa a celebrar la victoria. En ciudades y pueblos, en plazas y avenidas, en bares y terrazas, la gente se miraba y se saludaba, entusiasmada. Allí convergían jóvenes y ancianos, hombres y mujeres, de todas las ideologías, clases sociales y opiniones. Por supuesto, siempre habría quien, por unos u otros motivos, eligiera permanecer al margen. Pero la mayoría, por un momento, bajó las barreras. Conocidos y desconocidos, por unos días, bailaron juntos.

Es comprensible que ese entusiasmo colectivo se fuera disipando a lo largo del verano que siguió. ¿Había sido un espejismo? ¿Algo irreal? No. Fue real. Es solo que no podía durar del mismo modo. Pronto volverían las rutinas, las fracturas de siempre, los enfrentamientos entre unos bandos y otros. Pero aquella primera noche mágica de celebración y alegría compartida la recuerdo a veces como una expresión de las posibilidades que en realidad tenemos para el encuentro. Porque, en última instancia, no era el fútbol –que, al fin y al cabo, es efímero–. Era un momento colectivo de alegría y un instante de loca celebración, cuando el país estaba zarandeado por una crisis económica brutal; era la excusa para no hablar de lo que tantas veces nos dividía; era la humana satisfacción por la victoria (en lo que fuera) y un sentimiento de orgullo por descubrirse parte de algo que unía en vez de separar.

A veces la soledad nace de no vernos bien. De no reconocernos. De levantar muros para estar en guardia. Frente a eso, un instante de bajar las barreras es como abrirle la puerta a la posibilidad del encuentro. En ese instante podemos vislumbrar que el otro también sufre, llora, ama. Que también le inquietan tonterías. Que también tiene deseos que no se atreve a expresar en voz alta.

Que en ocasiones pierde la paciencia. Que habla con más seguridad de la que en realidad tiene. El encuentro empieza dedicando un tiempo a conocer al otro.

A veces nos pesan tanto las diferencias que no reconocemos lo mucho que nos une. Entonces, esa realidad que vivimos nos va llevando a marcar cada vez con más nitidez las fronteras entre «nosotros» y «ellos». Y de ahí, a terminar yendo «a por ellos» hay un paso. Un grito nacido como una forma de motivación deportiva termina sirviendo para arengarnos en la política, en la religión o en cualquier conflicto en el que «nosotros» tenemos toda la razón, y «ellos» se vuelven el enemigo. Por ejemplo, en la Iglesia nos puede ocurrir. Hay tantos motivos para la gresca constante que, en ocasiones, viendo lo que unos dicen de otros, darían ganas de bajarse de ese tren. Puntualizaciones, objeciones, acusaciones recíprocas de intransigencia por una parte o de frivolidad por la otra, comentarios vertidos con inquina y desprecio en las redes sociales, y a veces hasta con odio… Te abochorna un poco ver, leer, atisbar tanta dureza. Pero ¿y si por un momento bajáramos la guardia? ¿Y si por un instante damos espacio a lo mucho que nos une? ¿Y si nos reconocemos unidos por una fe, una búsqueda, una manera de celebrar –con todos los matices que se quieran– la palabra que a todos nos habla? ¿Y si nos diéramos permiso para aceptar que el otro tiene sus razones, que quizás puedan ser también ocasión para cuestionar mis seguridades? ¡Qué momento de descanso y comunión!

Y así podríamos ir entresacando afinidades y pertenencias de las que a veces no somos conscientes. A un país. A una ciudad. A una Iglesia…

A veces las posibilidades de encuentro no vendrán por pertenencias, sino por aficiones compartidas. Y así, podemos reconocernos por infinidad de motivos. Los seguidores de *Juego de tronos* pueden pasar horas hablando de sus personajes favoritos. Los que conocen de memoria toda la discografía de determinado músico se enzarzan en discusiones sobre lo mejor y lo peor. Los enamorados de un autor, que han leído todas sus novelas, pueden pasar horas recordando pasajes memorables. Están los que, habiendo hecho alguna vez el camino de Santiago, disfrutan cuando encuentran a alguien con quien compartir memorias de aquellos días mágicos. Y los amantes del buen comer, que se conocen todos los menús de degustación de una región y se describen unos a otros con todo lujo de detalles un plato que les encantó. Los que esperan con impaciencia que salga la nueva versión de un videojuego que rompe fronteras y levanta pasiones. Los que hacen del voluntariado una manera de enriquecer su tiempo. Los que tienen perros. Los aficionados a la montaña. Los que practican bailes latinos. La lista podría continuar hasta llenar páginas y más páginas. Hay tantas afinidades que pueden resultar lugar de encuentro… Y no son superfluas.

Me gusta la imagen del clan, el grupo o la tribu. Grupos grandes, a veces enormes, complejos, plurales. En los que nos unen semejanzas que asoman más allá de las diferencias. En los que compartimos aprendizajes y rasgos de los que quizá ni siquiera somos conscientes. Nos vamos encontrando en muchos círculos, algunos muy amplios, en nuestro deambular por la vida. Lo triste es no darnos cuenta de que esas afinidades están ahí. No valorarlas. No apreciar, en su ligereza, lo mucho que nos aportan.

Hay que tener cuidado, porque siempre corremos el peligro de convertir la tribu en secta. Algo que ocurre si entramos en la dinámica, más perniciosa, de encerrarnos en círculos exclusivos y excluyentes, si solo construimos nuestra identidad por rechazo al diferente, o si los prejuicios pesan más que la disposición al encuentro. Cuando esto último ocurre, terminamos encerrados en prisiones compartidas.

Pero, cuando consigues sortear esos peligros y la familiaridad te protege sin aislarte, te identifica sin cerrarte al otro y te define sin agotarte, entonces las pertenencias –normalmente muchas y variadas– se convierten en apoyos para un camino en el que bailamos con otros.

16

Tu gente

Lo que he querido expresar hasta ahora es que esa primera pertenencia a un grupo, ese primer vínculo, aunque puede llenar muchas cosas en la vida, sin embargo, no es tan exigente, exclusivo, peculiar e íntimo que solo quede al alcance de dos o tres relaciones, amistades o amores en la vida. Y, si bien nos aporta muchas vivencias, quizás no nos llena tanto como la relación más especial que establecemos con algunas otras personas.

Es decir, podemos ir construyendo en nuestra vida otros círculos más estrechos, más privilegiados, más especiales, donde la pertenencia se vuelve tan central que ya no te concibes sin ella. Ahí entran los verdaderos amigos, la familia, la pareja; las relaciones que, por los motivos que sean, eliges cuidar más.

Me gustaría compartir algunas reflexiones sobre este tipo de relaciones que para uno se vuelven más importantes, más necesarias –y que a veces también son las que, cuando fallan, nos pueden provocar más sensación de soledad–. Me gusta hablar de la gente a la que uno puede llamar «mi gente», porque con ellos te sientes seguro, te sientes protegido, te sientes en casa. Seguro que cada uno podemos ir entresacando en nuestra historia algunos nombres que entran en esa categoría. Esas relaciones merece la pena cuidarlas, mimarlas y aprender a trabajarlas para que puedan resultar hogar y refugio.

Cinco elementos me parecen esenciales a la hora de cultivar estas relaciones para que salga toda la música que llevan dentro: gratuidad, generosidad, aceptación, libertad y perspectiva. Intentaré explicar cada uno de esos rasgos.

Uno de los grandes peligros que existen en las relaciones importantes es el de caer en la lógica de la negociación. El intercambio pactado y medido es algo que termina generando rigideces en las relaciones. Cuando todo tiene que tener una contrapartida, cuando uno empieza a medir quién aporta más, quién pone más, quién llama más, quién escribe más… es como elegir la dinámica de la compensación frente a la de la gratuidad. La gratuidad es la disposición a poner de tu parte, sin exigir respuesta. La gratuidad es aceptar la asimetría en las relaciones. No construirlas desde la conciencia de que todo lo que se da debe medirse para reclamar un pago a su debido tiempo.

Pero ¿es eso posible? ¿Es deseable? ¿Puede funcionar una relación en la que una parte pone todo y otra no pone nada? ¿No es eso una puerta abierta al abuso y a aceptar el egoísmo de quien solo vive para sí? Creo que hay que entender bien la gratuidad. No se trata de que alguien ponga siempre de su parte todo y se encuentre con que no hay respuesta. Eso difícilmente puede ayudar en relaciones de amistad, de pareja… Quizás en el único caso en el que puede sostenerse una desproporción semejante es en la perseverancia radical del amor de algunos padres a sus hijos cuando estos son egoístas redomados y no devuelven nunca nada más que exigencias. Pero, como digo, la gratuidad no es la desproporción absoluta. Es, más bien, la disposición a no medir, a no llevar cuentas, a aceptar que todos somos diferentes, y por eso respetar que las formas que cada uno tiene de sumar, de entregar(se), de compartir, son también distintas. Gratuidad no es que no desees respuesta. Es que aprendes a no exigirla como condición del amor.

Esto me lleva al segundo rasgo. Cuando hablo de generosidad, me gustaría incidir en nuestra capacidad para la entrega. El egoísmo es muy mal compañero de viaje. El egoísta termina solo, aunque esté rodeado de gente. Si solo vas a lo tuyo; si siempre piensas en tu beneficio y tu conveniencia; si cada vez que llamas a los amigos es para pedir algo, nunca para ofrecer o sencillamente para interesarte por sus vidas; si solo conjugas la primera persona; si en cada conversación tienes que ser el protagonista, el centro de todas las anécdotas, el perejil de todas las salsas, el que llame la atención; si siempre cuentas tus problemas, pero nunca tienes tiempo ni interés para escuchar los problemas de los otros... es posible que termines viviendo –como hemos dicho en otra sección– la lógica de los espejos, en la que los demás solo te sirven para ver tu propio reflejo.

Pero si, por el contrario, las relaciones se construyen desde el deseo de conocer, de comprender, de dar(te); si de verdad descubres que, como dice san Pablo, siempre serás rico para ser generoso; si consigues comprender que lo que está en tu mano es vaciarte para volcar en los otros tu talento, tu alegría, tu música, tu fuerza (y tu debilidad); si aprendes a vivir con los puentes tendidos, para cruzarlos o para dejar que otros los crucen hacia ti; si compartes tu tiempo, tu cansancio, tus proyectos, tus ideas; si te interesas de verdad por el otro, y le das espacio en tu tierra, entonces habrá encuentro.

El tercer rasgo de estas relaciones profundas con quienes llamo «tu gente» es la aceptación. «Si me queréis, queredme por mis defectos, que por mis virtudes me quiere cualquiera», clama uno de los personajes de Gógol en *Almas muertas*. Es una frase contundente que refleja algo muy especial. En un mundo donde constantemente nos estamos midiendo, exigiendo, valorando y evaluando unos a otros, la verdad es que hay que saber cuándo y dónde quitarse el maquillaje y dejarse ver como uno es. Evidentemente, todos tenemos nuestros espacios de intimidad y vivencias o rasgos personales que consideramos delicados, que nos da pudor compartir, que nos hacen sentir vulnerables o expuestos. Pero la realidad es que cuando, en algún momento, hay alguien a quien podemos dar entrada en esos espacios, su presencia se puede convertir en bálsamo, en caricia y en bendición. Porque la aceptación es una manera de mirar que acompaña y sana. No hay que confundirla con conformismo o indiferencia. Aceptar no es que todo dé igual. Pero sí es querer a la persona. No algunos rasgos de la persona. Quererla con lo que tiene. Con sus batallas. Con sus errores. Con sus manías. Aprender a reírte (y reíros) de eso. Y, si hay algo que cambiar, compartir ese camino de crecimiento no desde el reproche, sino desde soñarse mejores. Lo expresa con delicada poesía Dulce María Loynaz, cuando pide: «Si me quieres, quiéreme entera, / no por zonas de luz o sombra… / Si me quieres, quiéreme negra / y blanca. Y gris, y verde, y rubia, / y morena… / Quiéreme día, / quiéreme noche… / ¡Y madrugada en la ventana abierta!... / Si me quieres, no me recortes: / ¡Quiéreme toda… o no me quieras!».

En cuanto a la libertad, es esencial en las relaciones profundas. Porque el amor –que, al fin y al cabo, es de lo que estamos hablando– ni se fuerza ni se exige. Eso sí, hay que entender bien la libertad en las relaciones. Porque libertad no es la despreocupación de quien siempre quiere estar revoloteando, sin ningún tipo de obligación ni compromiso. Ahí, en el equilibrio entre pertenencia y libertad, tenemos una piedra de toque para las relaciones más importantes de nuestra vida.

Hay gente que considera que cualquier tipo de reclamación, o de exigencia por parte de otro, es una manera de restringir y constreñir su libertad. Cuando se vive así, comienzan los agobios, la sensación de ahogo, el miedo a la posesión. Pero el compromiso implica darle al otro permiso y entrada para opinar sobre tu vida. Implica ceder algo de tu autonomía, como condición para sentar las bases de un proyecto común y compartido. Implica pensar menos en singular y más en plural. Dicho esto, sin embargo, hay que evitar vivir las relaciones desde dependencias insanas, desde el afán de controlar a la otra persona o desde intromisiones constantes en el espacio del otro. Porque la libertad es compromiso, pero no cadena. Es vínculo, pero no condena.

Entonces ¿cómo entender la libertad? Como la capacidad de decidir con quién y cómo te quieres vincular, sabiendo que, al hacerlo, tú mismo puedes estar renunciando a parcelas de autonomía. Que pones en manos de otros la capacidad de decidir, de influir, de opinar, de tener algo que decir. Que eliges compartir proyectos, planes, tiempo y espacio. Que decides bailar con otros en lugar de encerrarte en tu propio salón privado y que, una vez que empieza el movimiento, tienes que contar con ellos para dibujar siluetas, para trazar recorridos en los que tan pronto llega el abrazo como se hace necesaria la distancia.

Por último, la perspectiva es la capacidad de entender nuestras relaciones como historias. No son tan solo momentos de efusividad o sentimiento. No son tan solo los instantes de plenitud, encuentro y satisfacción. Las relaciones más hondas, más auténticas, más significativas para nosotros se van consolidando en el tiempo. Vamos aprendiendo. La perspectiva nos da experiencia, y esa experiencia nos hace sabios.

Uno de los grandes problemas de este vertiginoso mundo contemporáneo es la falta de perspectiva. Por la inmediatez, por la poca memoria, porque el largo plazo parece fuera de lugar, y por la avalancha de historias, noticias y nombres que constantemente se empujan para ocupar el corto espacio de la actualidad. Esta dinámica, tan propia del mundo mediático, termina contagiando otras dimensiones de la vida. Y si contamina también nuestras relaciones, nos vemos abocados a la tiranía de un aquí y un ahora que son muy tramposos. Vivimos rápido, en un presente desmesurado. Y el momento actual tiñe con su estado de ánimo todo. Eso, que no es problemático cuando el *aquí* es cómodo y el *ahora* es positivo, se puede convertir en una amenaza cuando toca atravesar espacios más agrestes y temporadas de conflicto y dificultad.

Sin embargo, cuando recuperas el horizonte y las contemplas a mayor distancia, las relaciones y las pertenencias se pueden ver con muchos más matices y, sobre todo, con mucho más contexto. Entonces sí que puedes aprender de lo que ves. Aprendes de ti mismo, de los otros, de la relación que se va construyendo. Es esa perspectiva la que te puede ayudar a tomar decisiones; a reconducir los pasos cuando, por la razón que sea, una relación se atasca; a recordar los motivos y mantener el rumbo que se sueña. Es la perspectiva la que te puede ayudar a comprender decisiones y aceptar errores, a superar baches y celebrar con serenidad los días radiantes.

17

Bailando solo

Aunque pueda parecer una obviedad, hay momentos en que nos toca bailar solos. Momentos en que no están cerca, aunque puedan estar alrededor, ni la tribu ni tu gente. Momentos en que parece que estás solo tú frente a un espejo –esta vez, un espejo de verdad–. Aprender a conocerse, a quererse y a respetarse, entonces, es una lección necesaria en la vida.

Para comprender la música del mundo, para llegar a bailar con otros, y con el Otro, también necesitamos momentos de intimidad, de desconexión, de silencio y soledad habitada. En ese silencio a veces necesitaremos reflexionar, poner en orden la vida, adquirir perspectiva e intención sobre lo que nos ocurre. La capacidad para sentir y para pensar, en nosotros mismos y en el mundo que habitamos, le da mucha más entidad y sentido a lo que somos. Y ahí, hay algunas capacidades y actitudes que se convierten en semilla que puede crecer y dar frutos en la historia.

La primera es un sano orgullo. No la soberbia o la prepotencia de quien se siente superior. Más bien, la serena tranquilidad de quien se sabe único. Y es que todos lo somos. No hay dos personas iguales. No hay ni ha habido nadie como uno. Ni habrá nadie igual. Tus pensamientos, tu formación, las palabras que han ido marcando tu camino. Los lugares en los que has vivido. Tu familia. Tus amigos. Tus ideas más locas y las más cuerdas. Las lágrimas que has vertido. Las risas que han hecho brillar algunos de tus días. Las declaraciones de amor. Las tormentas. Las decisiones que has tenido que tomar, y las que quizás no hayas llegado a afrontar. Tus aciertos. Tus errores. Los rostros que atesoras en la memoria. Los nombres que habitan en tu corazón. Los complejos que te desvelan. Los talentos que reconoces en ti. Tus aficiones. Tu música favorita. Los libros que has leído. Las series y películas que te dejaron una huella. Los mensajes que no borras. Los que sí. Tus heridas. Las pequeñas celebraciones que quizás nadie más conoce. Preguntas que te haces. Tu postura ante la fe. Lo que sabes. Lo que ignoras… Todo eso, y mucho más, te hace único. Y en esa manera única de ser, cuando está bien encauzada, siempre hay posibilidades para el amor, para el bien, para el encuentro. No hay nadie como tú. Y de vez en cuanto todos tendremos que recordarnos aquello de «Eres hermoso» que decía Méndez en *El circo de la mariposa*.

La segunda es como lo contrario de la anterior. Una serena humildad. Porque, en nuestra unicidad, también tenemos limitaciones, incongruencias, meteduras de pata, equivocaciones, pecado… No siempre estamos a la altura de nuestros sueños. Más bien, nos podemos quedar bastante cortos. A veces nos sorprenderá lo escasos que andamos de visión, de ganas o de motivos. Y nos descubriremos enterrando los talentos en la tierra de la mediocridad o el desacierto. Y toca reconocer todo eso. Sin drama ni estridencia, pero sin tampoco obviarlo. Aceptar las propias grietas. Reconocer los pies de barro. Tratar de corregir lo que está en nuestra mano cambiar. Porque la aceptación de lo que somos no significa la renuncia a lo que podemos llegar a ser. Y, con serena aceptación, confiar en que con ese barro se pueden hacer grandes cosas.

En tercer lugar, hemos de valorar la creatividad. Somos genios. Somos creadores. Tenemos la capacidad de hacer surgir algo nuevo. La música. El arte. La literatura. La ciencia. ¡Cuántos avances gestados en la soledad de un laboratorio, de una habitación, de una biblioteca, de un paseo solitario! ¡Cuántas luces que hoy brillan en nuestro mundo se encendieron primero en la mente de alguien que, con clarividencia e intuición, pensó que era posible! ¡Cuántos descubrimientos debidos a soñadores que se enfrentaron a todo y a todos!

Somos capaces de figurarnos futuros que aún no existen. De convertir un lienzo en blanco en una fiesta de colores. Hay en la historia infinidad de nombres admirados por lo que fueron capaces de crear. Me gusta pensar en Miguel Ángel delante de los muros de la Capilla Sixtina. El lienzo estaba ahí, en la piedra. Lo que hizo el genio fue imaginar algo que nadie más podía figurarse y plasmarlo. Y como el artista, tantos otros. El arquitecto transformando un espacio. El científico anunciando un descubrimiento que llegará. El escultor arrancando de la piedra la figura que ya estaba dentro pero que solo él supo ver. El narrador insuflando vida a personajes surgidos de su imaginación. El poeta convirtiendo las palabras en versos poderosos en una hoja de papel. El investigador persiguiendo la cura para una enfermedad en largos años de constante trabajo.

Hay una escena maravillosa en la película *Begin Again* que permite entender bien esto. Gretta es una joven compositora que está en Nueva York, con el corazón roto por el abandono de su novio. Un día, en un garito, le piden que cante. Ella sube al escenario con su guitarra y empieza a interpretar una canción. Nadie le presta demasiada atención. La gente sigue a lo suyo. Las conversaciones, las copas, el ruido... Todo es estridente, y en medio de ello la voz de Gretta cantando por su amor roto no se hace oír. Pero hay alguien que sí la está escuchando. Dan, un productor musical, es el único que está oyendo de verdad. Pero no solo lo que suena en el bar. Está yendo más allá. En una escena fascinante, podemos vislumbrar lo que Dan está viendo, y podemos oír lo que él escucha. Los arreglos que intuye. La música que él imagina. Todo eso va mucho más allá de lo que la mayoría percibe en ese escenario. La composición que Dan descubre está llena de posibilidades. Dan es un ejemplo de creatividad. Y nos recuerda que hay gente que es capaz de ver de otra manera[32].

Otra capacidad que se convierte en música para nosotros es la imaginación. Somos capaces de imaginar lo que no hemos visto, de soñar con lugares que no hemos visitado, de adentrarnos en espacios remotos, quizás ayudados por palabras ajenas. La lectura, por ejemplo, es un trampolín hacia otros mundos. Hay gente a la que, desgraciadamente,

---

[32] A. Bregman y J. Apatow (productores) y J. Carney (director), *Begin Again*, Estados Unidos: Exclusive Media (2013), http://bit.ly/2xcR6p7

no le gusta leer. ¡Qué gran pérdida! Porque leer es abrir la puerta hacia otros mundos. Me gusta decir que, mientras haya libros, habrá esperanza. Porque en los libros se plasman sueños y decepciones, se comparte lo aprendido, lo sentido, lo equivocado, lo encontrado. Porque tal vez todos tengamos algo de islas. Pero si podemos compartir la palabra, la memoria, la historia, entonces tenemos mucha posibilidad de crecer, de continuar la obra creadora que un día se puso en nuestras manos. Imaginación, sabiduría, búsquedas... se van desplegando en las páginas de la gran biblioteca de la historia humana. Novelas o ensayos, ficciones o realidad, ciencia y especulación. En todo ello vamos volcando, los seres humanos, nuestros anhelos más hondos, nuestra ficción más atrevida y nuestra verdad más desnuda.

El lector toma prestadas las palabras ajenas y las convierte en propias. Entonces vuela, navega, se zambulle en otros universos. Gracias a los libros, podemos remar como un solo hombre, convertirnos en guardianes, poetas o prisioneros; podemos comprender que la patria cada uno la ve de maneras diferentes; resolvemos misterios; viajamos a la velocidad de la luz; vemos la cara más amable y también la más violenta del mundo; somos pacifistas o soldados, magos o frailes, vivimos en la corte del Rey Sol o construimos catedrales medievales. Viajamos por los desiertos, por las cumbres, por las calles de todas las ciudades. Creemos, y dudamos.

Abrir un libro. Zambullirse en sus páginas mientras dejas volar la imaginación. Completar, con tu talento, las escenas, los colores, los aromas, los rostros de los personajes. He ahí otra música para los ratos de soledad.

Pobre de quien, con ignorancia y sin culpa, alardea con un «A mí no me gusta leer». Porque, acaso sin saberlo, se le han cerrado las puertas de mil mundos que hubieran estado a su alcance. Hace unos meses los periódicos contaron la siguiente historia: en Itápolis, un estado de São Paulo, iban desapareciendo libros de la biblioteca. Hasta que la policía descubrió a un adolescente que los robaba. De esta y de las otras bibliotecas públicas. Y los tenía en su casa. 384 libros. Ordenados y cuidados. Y leídos. Por una mezcla de afán de conocer, una peculiar introversión volcada en los libros y pasión por formarse. Por una desesperada necesidad de poseerlos. Por la pobreza. «Por no estar en la calle», declaró su hermana. «Iba a devolverlos algún día» –dijo él–[33].

Por un instante, podemos creer. En la locura de un chaval que eligió leer, soñar, viajar con la imaginación, volar por este mundo que probablemente le estaba vedado de otros modos. En la pasión con que habrá saboreado las palabras, acariciado las hojas que le hayan acompañado durante horas interminables de lectura. Podemos imaginar sus ojos brillantes al descubrir algo nuevo, al intuir otros paisajes, otros personajes, otras vidas. Podemos agradecer a ese crío el habernos recordado que también la palabra es un lujo. Y la lectura, un privilegio. Y la imaginación, un milagro.

Por último, y alimentado con todo lo anterior, me parece que no le damos demasiado crédito a nuestra capacidad para reflexionar. Y, sin embargo, es algo tan importante en nuestras vidas… Quizás es que hoy se valoran mucho más la emoción, el vértigo, el sentimiento o la pasión. Quizás se asocia el ser reflexivos a una especie de mirada sin alma,

---

[33] *El País*, 28 de julio de 2017: http://bit.ly/2u4NnXj.

o un análisis frío de la realidad. O se ha generalizado una cierta pereza que considera un callejón sin salida dar demasiadas vueltas a las cosas. Pero no es esto. Nuestra capacidad de reflexionar, de abstraer, de sacar conclusiones, de poner nombre a realidades, valores, anhelos… es admirable. Y abarca desde las grandes cuestiones de la existencia hasta el acontecer cotidiano de sociedades y pueblos. Nos podemos preguntar por la vida, por la muerte, por el sentido de lo que hacemos. ¿Hay límites para la ciencia? ¿Hay valores universales, sobre los que podamos entendernos? ¿Es la fe compatible con la razón? ¿A dónde nos puede llevar el saber? ¿Hay un por qué en lo que hacemos, o somos una gran casualidad? ¿Cómo deberíamos organizar nuestras sociedades, nuestra política, la economía? ¿Qué es el amor? ¿Y la justicia? Podemos dedicar tiempo y talento a pensar en la realidad, en la vida, en las sociedades, en las personas. He ahí una de nuestras mayores fortalezas. Y probablemente, uno de los pilares más sólidos desde los que cabe afirmar, con esperanza, que el futuro puede ser mejor. Porque siempre habrá alguien capaz de ir más allá de la crítica por lo que no funciona y proponer algo nuevo. Somos seres reflexivos, o al menos tenemos esa capacidad.

Todo lo anterior, orgullo y humildad, creatividad para vislumbrar caminos nuevos, imaginación que alimentamos mirando al mundo y la capacidad de reflexionar sobre la vida, a veces se agrupa en una única categoría, como es la de «vida interior». Pero la vida interior no es únicamente un discurrir personal sobre los acontecimientos de la existencia. Puede ser también vida espiritual, y si hay fe, espacio de un último encuentro: el encuentro con Dios.

18

Vida interior. ¿Hay alguien más ahí?

Como acabamos de señalar y describir parcialmente en el capítulo anterior, todos tenemos vida interior. Todos dedicamos tiempo a pensar –a veces de modo más consciente y otras, inconscientemente–. Todos fantaseamos, de vez en cuando, con la vida, dejamos que fluya la imaginación y oscilamos entre la conciencia de nuestra dignidad y la inseguridad sobre lo que somos. Esa vida interior no es algo que ocurra en el vacío. Está llena de vivencias, nombres, memorias, sentimientos, palabras, sensaciones, escenarios que habitamos…

Ahora bien, habría que intentar apuntar, al menos, a una última dimensión de nuestro mundo interior, que es universal, aunque respondamos a ello de diferente manera. Es la búsqueda y la vivencia de la fe. La pregunta por el sentido, la sed de trascendencia, la vaga añoranza de algo más, o de Alguien más, está ahí. Ese sentimiento, que se convierte en pregunta y búsqueda, es propio del ser humano y ha aparecido a lo largo de la historia en todos los pueblos, culturas y épocas. Y no es solo el vestigio de una época supersticiosa o irracional, como algunos parecen considerar hoy. La pregunta religiosa está hoy tan viva como siempre, y en nuestro mundo hay miles de millones de creyentes en todas las latitudes y contextos. Es cierto que hay países más secularizados, pero eso no significa que la búsqueda de Dios esté muerta, ni siquiera en esos contextos.

Nos preguntamos. Compartimos la música de la fe que nos llega en forma de tradición, de vivencias a las que otros ponen nombre y convierten en herencia. Y en esas vivencias se apunta a la existencia de Dios. Nos preguntamos por el tiempo más allá de la vida, por la posibilidad de una finalidad en lo que somos, y nos preguntamos también por la trascendencia, o ese más allá que tanto nos cuesta comprender.

La fe tiene algo de límite, y decimos que es don; un don que se va gestando en una combinación de educación recibida, carácter, riesgo, salto al vacío, confianza, aceptación de que el universo es demasiado grande para nosotros…

Lo importante es que, según se va configurando una fe y según la concreción religiosa que uno abraza –o en la que crece–, se abre el espacio para una vivencia de lo religioso como encuentro. En mi caso (el cristianismo, y más explícitamente el catolicismo), me gustaría proponer al menos cuatro lugares para esos encuentros. El primero sería el mundo. El segundo, la palabra. En tercer lugar, la celebración de los sacramentos, que tocan dimensiones esenciales de la vida. Por último, la oración personal.

Encontramos a Dios en el mundo. Muchas imágenes de las que utilizamos para hablar de Dios y de la fe están tomadas de la vida diaria (la mayoría, fuera de los conceptos teológicos). Decir que Dios es Padre o Madre, amor, alfarero, viñador, sabiduría; hablar del otro como prójimo, como hermano; señalar que la compasión, la misericordia, la justicia, la bondad o la belleza son rasgos de Dios... ¿Qué son esos términos, sino imágenes tomadas de la experiencia cotidiana, que nos permiten vislumbrar que Dios tiene que ser algo que refleje esto? Aprender a mirar el mundo con ojos creyentes. Aprender a dar nombre y fe a muchas de las cosas que nos ocurren. La realidad se convierte en escenario de un encuentro cuando muchas realidades se convierten en signo que apunta más allá.

Algunos filósofos escépticos han dicho que lo que hacemos los creyentes es sacar lo mejor de las personas y proyectarlo en la idea de un Dios inexistente. Pero ¿y si es al revés? ¿Y si lo que hacemos es reconocer a Dios en el mundo que nos rodea? ¿Y si eso que se describe como «lo mejor de las personas» es de verdad el reflejo de un Dios latente en la entraña de lo real? ¿Y si es la semilla del Espíritu que nos habita? ¿Y si de verdad Dios es lo mejor del amor que a veces vislumbramos en gente que ama con pasión, con entrega, hasta dar la vida? ¿Y si el mundo, la creación, la buena gente, lo que nos rodea son pistas de Dios?

La escucha de la palabra es otro de esos espacios para el encuentro. Porque decimos que en esa palabra, acrisolada en siglos de aprendizaje, de testimonio y vida de pueblos y personas ejemplares, se va perfilando una historia y una figura. La historia es la que llamamos historia de la salvación. La figura es la de Cristo, como el rostro humano de Dios y el rostro más divino del ser humano. Escuchar dicha palabra es acoger, es reflexionar, es aprender.

Una de las grandes olvidadas en muchas vidas cristianas es la Biblia. Que ni conocemos, ni comprendemos, ni sabemos leer sin caer en un fundamentalismo excesivo. Y, sin embargo, lo que afirmamos es que en esas palabras, en esa gran biblioteca, escrita a través de los siglos y recogiendo la experiencia de distintos testigos, se va descubriendo quién y cómo es Dios, y qué pueden ser nuestras vidas. Ahí tenemos un reto y una oportunidad: llegar a escuchar esa palabra como dirigida a uno, comprender que en sus relatos se está hablando de la propia vida, e intuir que detrás de ella está Dios. He ahí otra música que nos prepara para hacer de la vida baile.

En cuanto a las celebraciones, a menudo a las personas no les dicen nada, cuando solo se han convertido en un ritual vacío, que no se entiende, al que se asiste como espectador y no como participante, y no están vinculadas a la vida. Pero cuando somos capaces de aprender a poner en ellas nuestra existencia y nos damos cuenta de cómo en distintos sacramentos estamos celebrando la esperanza, los inicios, la libertad en la fe, la participación en la mesa común, la fraternidad, el amor, el perdón o la muerte, y descubrimos que todo eso nos relaciona con Dios, entonces, de nuevo, la celebración cobra sentido. Y entonces la liturgia es danza.

Si hablamos de la oración, cada uno aprendemos a rezar de distintos modos, y le vamos dando un sentido y un contenido a lo que hacemos. ¿Rezamos para no sentirnos solos? ¿Es una forma de hablar a Dios? ¿Nos escucha? ¿Escuchamos algo nosotros? ¿Responde? ¿No lo hace? Para cada una de esas preguntas hay tantas respuestas que habría que escribir libros enteros sobre la oración, sus caminos y formas. Pero, de un modo simple, me gustaría señalar que, por nuestra parte, sea cual sea el método o la forma de oración que practiquemos, lo que hacemos es tender un puente, abrir conscientemente una puerta y afirmar, desde la fe, que creemos que Dios está ahí y nos escucha.

Siempre me había impresionado mucho uno de los últimos gritos que Jesús lanza en la cruz: «Dios mío, Dios mío, ¿por qué me has abandonado?». Grita desde la desesperación, la condena y las últimas fuerzas. Aunque sé que eso es el comienzo de un salmo, durante mucho tiempo pensé que, en el momento de mayor oscuridad de Jesús, también el Padre se apagó de su horizonte. Y sentía vértigo al imaginar esa soledad, esa desesperación, ese vacío y esa sensación de abandono a la hora de la muerte. Hace años comprendí que no era así. Pero no fue fácil entenderlo.

Cuando yo tenía 20 años, me hice muy amigo de un compañero jesuita con el que coincidí en la formación. Se llamaba Isidro. Él tenía 22 años. Era un joven dicharachero, profundo, cordial. Por las circunstancias de nuestra formación coincidimos viviendo juntos un año en el que ambos estábamos un poco descolgados de otros compañeros de generación, y por eso empezamos a compartir bastante tiempo. Íbamos juntos a clase, disfrutábamos momentos de ocio, nos retábamos en una vieja mesa de *ping-pong* que había en la casa, o jugando como pareja de mus (que es algo que crea muchas afinidades). A Isidro le gustaba escribir. Alguna vez me dejaba leer sus poesías. Me impresionaba su fe. Todas las noches terminábamos el día dando un paseo por aquella fría Salamanca, y en ese rato hablábamos de la vida, de la familia, de la fe, de nuestra vocación, de dónde y cómo nos imaginábamos en el futuro... Nos reíamos mucho. Fuimos compartiendo muchas cosas, conociéndonos, y cuajó una amistad profunda. Al año siguiente lo destinaron a Madrid. Seguíamos en contacto. En Navidad vino con su comunidad a pasar unos días en Salamanca. No habíamos perdido nada de la afinidad y complicidad del año anterior. Disfrutamos unos días alegres. El último de esos días jugamos un partido de frontón, como tantos que habíamos jugado antes. Al terminar dijo que estaba muy cansado, más de lo normal.

Al volver a Madrid, el cansancio seguía. Tuvo que ir al médico. Le diagnosticaron una leucemia. Durante meses estuvo sometido a un tratamiento exigente. Aquel verano yo iba a Albania, a un campo de trabajo, el mes de agosto. El mes de julio lo pasé en Madrid con su madre y dos compañeros jesuitas, turnándonos para acompañarlo en el hospital. Era el año 92. Cuando me fui a Albania, lo último que le dije, bromeando como siempre hacíamos, fue: «Pórtate bien». Unos días después recibí el mensaje de que acababa de fallecer. En ningún momento había querido creer que esto pudiera ocurrir. No estaba preparado para eso.

Durante meses, a partir de aquel momento, no podía rezar. Lo único que me brotaba cuando me sentaba en la capilla era un insistente: «¿Por qué?». Había rabia, había incomprensión, había rebeldía y negación en esa pregunta. Y sentía que, por eso mismo, Dios no podía estar en esa oración.

Sin embargo, con el paso de las semanas me fui dando cuenta de una cosa. En aquel «¿Por qué?» había más verdad, más honestidad y más autenticidad que en otras muchas palabras piadosas que podía decir en otros momentos. También había rabia, dolor e impotencia. Me empecé a dar cuenta de que no esperaba, en realidad, una respuesta. Ni siquiera estaba enfadado con Dios. Yo sabía que el mundo es así. Lo sabía, aunque doliese. Pero en mi rabia, en mi desahogo, en mi incertidumbre, me dirigía al único en quien, en ese momento, sentía que podía volcar el dolor.

Entonces comprendí que cuando Jesús, en la cruz, grita, no lo hace desde el miedo a haber perdido a Dios. Lo que está haciendo es su última oración, la única que puede hacer en ese momento. Una oración que nace del dolor, del temor, de la sensación de fracaso.

Y ahí está lo que para mí es la clave de la oración. Hablamos a Dios desde donde estamos. Desde la alegría de unos momentos y con el corazón encogido en otros. Desde la gratitud por las cosas que van bien o la frustración cuando no conseguimos lo que soñamos. Desde la certeza o la duda. Pero la verdad que a veces intuimos es que, estemos como estemos nosotros, Dios siempre está al otro lado de la oración.

Conclusión

Dos imágenes para terminar: cicatrices y fronteras

Vamos llegando al final de este recorrido. En las páginas anteriores he tratado de reflexionar sobre soledades y encuentros. Sobre el silencio que a veces nos aplasta cuando la soledad se vuelve mordisco y hiere. Pero también sobre la música con la que aprendemos a bailar, una música que asciende a la superficie desde la fragilidad, desde los nombres que se nos instalan en la entraña, desde la sabiduría que nace en caricias y golpes compartidos con otros, desde la duda que nos inquieta y desde la fe, que, en un extraño equilibrio de preguntas y certidumbres, nos abre horizontes extraordinarios.

Al final, quizá lo más audaz y al mismo tiempo lo más evidente que uno puede afirmar es que no estamos solos. Aunque a veces podamos sentirnos así. No lo estamos, porque en todas las vidas hay lazos, relaciones llenas de posibilidades, escenarios en los que los encuentros se vuelven reales. Estamos vinculados, nos queremos, nos buscamos, nos decepcionamos, nos miramos, a veces con desafío y otras veces con esperanza. Nos desvela y nos entusiasma tanto el propio camino como el de aquellos a quienes queremos con locura. Nos reconocemos unos a otros, en instantes de serena lucidez, cuando, al mirarnos, comprendemos que estamos hechos del mismo barro, tan agrietado como capaz de contener la belleza.

Creo que no hay vidas más interesantes que otras. Todas las vidas son un relato que podría contarse, todas. Un relato donde hay momentos heroicos, episodios olvidables, abrazos concedidos –y otros negados–; palabras prestadas, sueños que se materializan, y otros que vuelan por un mundo imaginado. En cada vida –siempre distinta, siempre única– se tejen redes humanas de amor y cuidado, de ilusión y zozobra; se graban en letras de oro los proyectos conseguidos y otros que dejamos a medias. Hay héroes y villanos, hay aventura y rutina, hay caídas y hay logros, hay noches de tormenta y días radiantes. Todas las vidas merecen ser cantadas, al menos una vez, con sus encrucijadas e intemperies, con sus aciertos y errores, con los nombres que en ellas quedan grabados a fuego. Solo que a veces no encontramos las palabras.

Por supuesto que las relaciones humanas son nuestra fortaleza y nuestra debilidad. Porque es en ellas donde ponemos más pasión y donde volcamos lo mejor que somos. Pero también es en las relaciones donde a veces asoman nuestras racanerías y miserias. Sin embargo, ¿deberíamos, por esa debilidad, protegernos en una burbuja de indiferencia y distancia? ¿Deberíamos no dejar entrar a nadie demasiado cerca de nuestra intimidad, desalientos o sueños, para evitar que alguna vez nos falten, nos fallen o nos hieran? Creo que no. No hay alternativa al encuentro. Somos familia, comunidad, tribu y aldea…

Es decir, que llegaremos al final del camino con mucho que contar, y con mucho compartido. Y, seguramente, también llegaremos con unas cuantas cicatrices. Pero la verdad es que a eso no hay que tenerle miedo. Más bien habría que temer llegar al final impolutos, sin habernos gastado de tanto haber vivido. Las cicatrices son físicas y son internas, espirituales, psicológicas, afectivas... porque todo eso somos. Ahí van dejando muescas en nosotros los nombres de quienes perdimos; los amores que se nos rompieron por algún motivo; las batallas que tuvimos que luchar, saliéramos de ellas vencedores o vencidos; las palabras que, por la razón que sea, se quedan enquistadas en la memoria y la entraña, palabras que algún día nos hirieron, o que nosotros dijimos y no supimos ya retirar. También quedamos marcados por la enfermedad, la limitación, los conflictos que no sabemos resolver, las experiencias de rechazo, los sueños imposibles... Pero merece la pena. Lo triste sería descubrir, demasiado tarde, que pasamos como fantasmas por un mundo que no nos llegó a rozar.

A propósito de las cicatrices, me gustaría tomar prestado un testimonio que me fascinó desde que lo escuché por primera vez.

Silvia Abascal es una actriz bien conocida en el panorama español. Una actriz que desde muy joven ya aparecía en algunas series de televisión que alcanzaron bastante popularidad, y más tarde fue compaginando dicha presencia con el mundo del cine y el teatro. Tras años de esfuerzo y de ir buscando su lugar, finalmente había conseguido asentar su carrera y disfrutaba de ese momento final de transición entre la juventud y la vida adulta en el que todos los caminos parecen ofrecer posibilidades. Una noche, de manera inesperada, mientras formaba parte del jurado del festival de cine de Málaga y justo antes de la gala de clausura, sufrió un derrame cerebral. A partir de ahí comenzó un periodo distinto. La enfermedad, la necesidad de pasar por el quirófano, el descubrir que capacidades que hasta el día anterior había dado por seguras ahora eran una batalla cotidiana... Tuvo que afrontarlo, y lo hizo con coraje, resistiéndose a la derrota o la autocompasión. ¿Tocaba luchar? Pues lucharía. Lo cuenta en un relato fascinante, «Todo un viaje»[34].

Hay un episodio en ese relato que resulta muy íntimo y personal, cuando uno la escucha contarlo. Cuenta Silvia que la operación –una cirugía cerebral abierta– había supuesto que le rapasen parte del cabello y le hicieran una enorme cicatriz que atravesaba el cráneo. «La cicatriz se convirtió, para bien y para mal, en una "médula sensorial". Mi chico se ocupaba de limpiármela todos los días. Estuvimos con las curas durante más de tres meses. Cuando él me besaba la cicatriz, para mí se paraba el tiempo. Se detenían los segundos. Era una conexión inmediata con mi centro más profundo y vulnerable. Lo recibía como un gesto infinito de entrega y amor»[35].

En otros momentos aludirá a la importancia de las cicatrices y a cómo hablan, calladas, en la historia de las personas.

Justo eso es lo que me gustaría convertir en reflexión en este momento. Ante las cicatrices –externas e internas– todos podemos reaccionar de distintas maneras. Muestran lo vulnerable que eres. Te exponen. Te obligan a reconocerte frágil. Evocan heridas (que quizás aún duelan). Y quizá una de las tentaciones más universales sea la de ocultarlas. Guardarlas para uno mismo. Encerrarte con ellas en espacios de soledad, precisamente porque te hacen sentir muy inseguro.

---

[34] S. ABASCAL, *Todo un viaje*, Planeta, Barcelona 2013.
[35] *Ibid.*, 79.

Es posible que muchas personas, en esas mismas circunstancias, se hubieran querido blindar. Esa marca difícil, en un mundo como el del espectáculo, donde tan importante es la imagen, hubiera podido convertirse en losa o en problema magnificado por la enfermedad y la lenta recuperación. Sin embargo, ese momento de intimidad descrito por la joven actriz ofrece un relato bien diferente. Un relato que muestra confianza, ternura, cercanía y aceptación. Quizás lo más valiente que podemos hacer es compartir lo que más nos expone con aquellos a quienes damos acceso a nuestra verdad más desnuda y más honda.

Creo que todos necesitamos, alguna vez, que alguien toque, con ternura, nuestras cicatrices. Esto no se fuerza y no se exige, pero tampoco hay que darlo por sentado. Se va ganando en la relación y en el tiempo. Se va ganando en la amistad, en el amor, en la capacidad que tenemos para abrir nuestra tierra, para que la puedan alcanzar aquellos que nos buscan y a quienes buscamos. Quizás en nuestra mano está cultivar la ternura, la delicadeza y el cuidado, para que, cuando alguien se pueda sentir más herido, sienta que con nosotros está en casa. También nosotros necesitaremos en la vida, o en algunos momentos más especiales, confiar y dejar que alguien acaricie o bese, con muda declaración de alianza, nuestras heridas.

Junto a la imagen de las cicatrices, me viene siempre a la mente, cuando pienso en la soledad, la imagen de las fronteras. Últimamente las fronteras tienen muy mala prensa. Porque se van convirtiendo, cada vez más, en espacio de separación y exclusión. La frontera es, en demasiadas ocasiones, la alambrada, el obstáculo o la barrera natural que amenaza con la muerte a quien intente salvarla. Frontera es el muro imaginado o el muro construido. Frontera es lo que nos separa a «nosotros» de «ellos», lo que divide el mundo en míos y ajenos. Cuanto más incomunicados queremos estar, más fronteras ponemos. Miramos, por ejemplo, a Europa y la vemos empeñada en recuperar límites, demarcaciones, áreas de exclusión, hasta el punto de asistir al desmoronamiento del sueño europeo porque un país como el Reino Unido no acepta tener sus fronteras abiertas por más tiempo. Vemos campañas electorales que han jugado con la seguridad de reforzar las fronteras hasta volverlas infranqueables. Sí, definitivamente parece que la frontera es el límite último, más allá del que no se puede o no se debe cruzar.

Sin embargo, a veces creo que la frontera es también –o podría ser– justo lo contrario. El lugar de encuentro; el lugar donde, si no nos tememos ni nos rechazamos, podemos encontrarnos para compartir lo que nos diferencia. Durante siglos, muchos puestos fronterizos se han convertido también en enclaves donde crecían ciudades mestizas, visitadas por habitantes de ambos lados de la frontera, deseosos de intercambiar productos, asomarse a lo que era diferente, poner un pie en la tierra lejana. Así entendida, la frontera es espacio de aprendizaje, de mezcla y de enriquecimiento mutuo.

Creo que la primera frontera somos cada uno de nosotros. Nosotros somos el primer límite con los otros. Y nos podemos convertir en lugar de separación o de encuentro, de exclusión o de apertura; podemos encerrarnos en una armadura invisible que nos aísle o arriesgarnos al abrazo y el baile común. Sí, cada uno de nosotros somos frontera y punto de encuentro, barrera o puente tendido, fuerte aislado o casa abierta. Y ahí, en cómo resolvamos esos dilemas, nos jugamos, definitivamente, nuestra capacidad para bailar.

Fronteras

Donde acaba la seguridad y empieza el vértigo,
allí, justo allí, tu mano tendida, invitándome a cruzar.

Donde acaba el ruido y empieza la soledad,
allí, justo allí, tu palabra, protegiéndome.

Donde acaba el egoísmo y empieza la justicia,
allí, justo allí, tu compasión, transformando la mirada.

Donde acaba la nostalgia y empieza el futuro,
allí, justo allí, la esperanza.

Donde acaban las heridas y empiezan las cicatrices,
allí, justo allí, la ternura que nos sana.

Donde acaba la memoria y empieza el olvido,
allí, justo allí, lo eterno, defendiéndonos de la ingratitud.

Donde acaba la risa y empieza el llanto,
allí, justo allí, la caricia. Y el llanto es de alivio.

Donde acaba la fiesta y empieza la rutina,
allí, justo allí, la música de dentro.

Donde acaba la noche y empieza el día,
allí, justo allí, tu amanecer.

Donde acaba la fuerza y empieza la debilidad,
allí, justo allí, un trozo de pan.

Donde acaba la rabia y empieza la paz,
allí, justo allí, tu abrazo.